新装版

キリスト教信仰のエッセンスを学ぶ

より善く生きるための希望の道しるべ

小笠原 優

E-PIX
イー・ピックス

はじめに

横浜教区共同宣教司牧のプロジェクトの一環として「共同宣教司牧サポート・チーム神奈川」が二〇〇五年に発足しました。以来、多方面にわたって活発な活動が展開され、今日に至っています。そうした活動の一環として、複数の「カテキスタ養成講座」が立ち上げられましたが、わたしも微力ながらその一端を担って参りました。神奈川県下のさまざまな小教区から派遣されてこられた受講者と共に学びを展開してきたことは大きな喜びでもあります。二〇一七年現在、受講者の数は延べ約二〇〇名を数えております。

†

カトリック教会において継承されてきたキリスト教信仰の中味を、今日のわたしたちが生きている社会の中でしっかりとつかみ直し、自信をもってキリストに従うこと、これが当養成講座の第一のねらいでした。それにともなって、毎回の講座で、受講者の皆さんが強く意識し、熱く語り合ったことがあります。それは、自分たちがカテキスタとして求道者に、どのようにカトリック信仰を伝えたらいいのかという問題でした。一方、年を追うごとに、当講座を終了して小教区の現場で「キリスト教入門講座」を担当するカテキスタの皆さんから、良いテキストがほしいという声が数多く寄せられるようになりました。

この度、この『キリスト教信仰のエッセンスを学ぶ―より善く生きるための希望の道しるべ―』が生み出された背景には、こうした長年の積み重ねがあるのです。

†

受講者の皆さんから提出された四〇〇〇頁以上のレポート（二〇一三年現在）に目を通しながら、また毎回の熱のこもった議論に参加しながら、わたし自身きわめて多くのことを学び啓発されました。それは次のようにまとめることができると思います。

(1)今日、キリスト信者であるわたしたちは、宗教感覚（信仰の感覚）が大きく後退した時代に生きている。すなわち、すべてを人間の力で切り開き、日々の生活や社会を支えていこうとする人間至上主義がきわめて強い時代の中で、キリスト教信仰を生きていかなければならない。

(2)一方、家庭、教育、社会生活など多方面にわたって「いのち」や人間の尊厳が軽んじられ、さまざまの悲劇が事件や事故となってあらわれている。また今日の高齢社会において、孤独なままに高齢に耐えなければならない現実を前にして、あらためて人間として生きる意味が問われている。

(3)今日の日本社会が大きく世俗化しているとは言え、人々は習俗化した宗教感覚を保っている。「多神教的」と言われる宗教環境の中で、人々は神仏を願いごとをかなえてくれるあり難い存在とみなし、生活の節目ではおのずと手を合わせ祈ることを忘れていない。また死者の慰霊を念じて手を合わせることは、墓参や法事のときだけでなく終戦記念日、事故や事件、そしてさまざまな災害が発生する度にふつうに目にする光景である。

(4)しかし、既成宗教は今日の物質文明の中で生きる人々に、力強い希望や生きる指針を与えているとは言えない。むしろ、すぐ手に入る癒しや自分探し占いなどが「宗教」という名でなされている現状に、多くの人々は批判の眼を向けている。一部の人々は、キリスト教もまたこうした宗教の一つでしかないと誤解しているようだ。

(5)こうした状況の中で、あらためてカトリック教会が継承してきたキリスト教信仰、「福音信仰」の真髄は何なのか、それにはどのような価値があるのか、それをどう伝えていったらいいのかと考えさせられる。

(6)一方、教会の内側を振り返ると、さまざまの憂慮すべきことが現実にある。果たしてカトリック信者の多くが、どこまでキリスト教信仰の真髄をきちんと理解しているのだろうか。カトリック教会に帰属する喜びと誇りが浸透しているのだろうか。それぞれの小教区（小教区群）において、信仰養成が本気でなされているのだろうか。手っ取り早く「聖書」を読みさえすればよしとする傾向が強くなっている今日、カトリック教会の使徒継承の信仰に立った聖書の正しい学びがきちんとなされているのだろうか。きわめて主観的な「聖書」の扱いが横行しているのではなかろうか。

(7)一方、公的なカトリック教会の「カテキズム／要理」は、あまりにも生活の現実からかけ離れていて、その言葉づかいや表現からは、イエス・キリストの生きいきとした存在も心も伝わってこない。このようなカテキズムの文言をおうむ返しに繰り返すだけで、果たして求道者に「キリストの救いの喜び」が伝わるのだろうか。

などなど的確な洞察や手厳しい指摘や意見に触れ、わたしはまさに聖霊の働きがここにあると思い知らされました。この意味で本書は、毎回の講座における熱い議論と、今ここで要約したレポートに表れた強い促しの実りと言えます。

本書の執筆にあたり、大事にしたことは次の諸点です。

(1)キリスト教についての一般的な知識の紹介ではなく、求道者が「洗礼」に向かう準備をしていくという前提に立って、「キリスト教信仰のエッセンス」を説き明かし、共に考えていくことにした。このエッセンスはイエス・キリストの「贖いの奥義」「過ぎ越しの奥義」と呼ばれているが、それが求道者自身の問題でもあることに気づいてくださるように配慮した。

†

(2)この気づきへの促しは、「使徒継承のカトリック教会の信仰」への導きであるが、しかしその場合、できるだけ硬直化したカトリック用語を使わないようにした。確かにそれらはヨーロッパ世界の長い歴史の舞台でつくられ、磨き上げられてきた信仰表明の言葉として、敬意を払うべきものである。しかし、その多くは今日の日本社会で生きる人々にはもはや通じず、かえってイエス・キリストの豊かな救いのメッセージを見えにくくしている部分もある。本書ではそれを乗り越えようと努めた。

(3)イエス・キリストの存在を生きいきと感じさせ、イエス・キリストとの出会いを引き起こし、それが自分自身の救いの問題であると気づいてもらうように努めた。そのため、「聖書」そのものに帰り、イエス・キリスト自身と彼にかかわった人々の言動、ならびに教会初期のキリスト信者たちの信仰表明に用いられた言葉（ギリシャ語）とその感性や発想を大事にした。聖書の翻訳された文言を鵜呑《うの》みにしてそこから考えるのではなく、じかに聖書の世界、それをしたためた信仰者たちの感性と心に触れてもらいたいというのが、一貫した願いである。

⑷当然のことながら、聖書の世界と今日を生きるわたしたちの世界には、大きなへだたりがある。そのため、人間学や宗教学の視点を大切にし、イエス・キリストとの出会いは時代や文化や宗教伝統を超えて、わたしたちの救いにかかわる問題であることを重視した。先に触れた膨大なレポートに示された、感性や発想、表現や言葉づかいなどは、まさに今日を生きる人々とイエス・キリストとの出会いをもたらす貴重な架け橋であると確信し、それらを利用させていただいた。

⑸カトリック教会に引き継がれてきた「使徒継承の信仰」という土台に立ってすべての問題を扱った。言うまでもなく「聖書」にしたためられた信仰証言とその文言は、個人の好みや主観にゆだねられるものではない。それは使徒継承の信仰共同体（教会）から生まれ、この共同体を通して証しされ、この共同体を生かし続けてきたのである。したがって、この「使徒継承の教会（信仰共同体）」を離れて「聖書」を扱うことは意味のないことである。「聖書」とは何なのか――このことを求道者によく理解してもらえるよう努力した。

（⑹「使徒継承の信仰」とは、イエス・キリストによって示された「奥義」を使徒伝来の教会（信仰の民）として受け入れ、それに応えていく生き方に他ならない。したがって、本書では「聖書」といういわば信仰の情報を学習するだけで終らせず、「聖書」が伝える「奥義」を「教会」と共に生きることが、救いの道であることを強調した。伝統的な表現でいえば「聖書と聖伝」の中に生きるということである。

⑺本稿は「ラセン」的に展開していく。すなわち、幾つかのテーマが繰り返し扱われるが、その度に少しずつ深まりながら他のテーマとつながり、広がりを見せていくよう努めた。こうした展開の中で、本書に触れる者がみずから深く考え、示されるテーマが自分自身の問題であることに気づいていただければ幸いである。

以上、本書を執筆するに至った経緯と、本書の基本姿勢を紹介しました。今日の日本社会でキリストの福音を伝えることには、大変な困難がつきまとうことを、現場の司祭もカテキスタも身に染みて感じています。それでも教会の門をたたき、キリスト教の教えを学びたいと願い出る求道者がおおぜいおられます。この方々が、イエス・キリストと深く出会い、使徒継承のカトリック教会と共に一度の人生を、希望のうちにより善く歩んでくださることを願ってやみません。本書がその一助となってくれるように祈ります。

†

読者の皆様へ

本書『キリスト教信仰のエッセンスを学ぶ』は二〇一八年に初版発行以来、五年の長きにわたって多くの読者を得、続編の『信仰の神秘』とともに地道に売れ続け、この度の増刷の運びとなりました。昨今は一般書でもなかなか増刷する本が少ない中、本書が長きにわたって支持され続けたことに著者を始めこの本の制作に携わった多くのスタッフは感謝でいっぱいです。

この第二刷は若干の文章の修正を加えましたので、初版と区別しやすくするためカバーに「新装版」の文字を入れ色調も一新しました。

本書が末永く皆様のお手元で信仰生活の良き友になることを願っております。

著者　小笠原　優

キリスト教信仰のエッセンスを学ぶ
目次

凡例
●本稿では、『マタイによる福音書』は「マタイ福音書」と簡略化して記載する。他の福音書も同様。また、例えば、「マタイ5・6」と表記した場合、それは『マタイによる福音書』第5章6節を簡略して表したものである。なお、聖書のテキストとして、日本聖書協会の『新共同訳聖書』を使用したが、部分的に表記を変更した場合もある。
●各節の終りに、「まとめ」「考えるヒント」「注」を載せた。
●注は文章の右に小さな数字で記してある。

キリスト教信仰のエッセンスを学ぶ
目次

コラム

理解を深めるために

導入・キリスト教信仰のエッセンスを学ぶ

―より善く生きるための希望の道しるべ―

1　キリスト教への関心

今日、わたしたちの日本社会では、書籍やインターネット上でキリスト教についてたくさんのことが書かれています。今日の人類社会においても、キリスト教は、今なお、芸術、文学、美術、音楽、思想や政治理念、科学など、広範囲にわたって大きな影響を及ぼしています。そうしたキリスト教のことを、もっとよく知りたい――人々の関心の高さのあらわれでありましょう。

しかし、一方でさまざまな偏見とか誤解にみちた記事や情報が氾濫していることもまた否めません。

2　カトリック教会とキリスト教信仰

これから皆さんとご一緒に、カトリック教会において脈々と受けつがれてきたキリスト教信仰の真髄をたずねる旅を始めて参りましょう。

二〇〇〇年以上にわたる長い道のりを歩んできたカトリック教会は、キリスト教信仰をめぐる膨大な信仰遺産を抱えています。それぞれの時代や地域、文化の中で掘り下げられ、表現され、次の世代に伝えられていく中で積み重ねられてきた遺産です。時としてこうした遺産の中には、特定の時代や社会、あるいは文化の強い影響を受けてキリストの本来のメッセージが見えにくくなってしまったものもあることを否定できません。

それでも、カトリック教会は「キリストの直弟子（使徒）たちから受け継いできた根本メッセージ」を大切に保ち続けてきました。

3　これからの学びの視点

それならば、このキリスト教の「根本メッセージ」とは何なのでしょうか。それは、今日を生きるわたしたちにもかかわる問題なのでしょうか。あなたが生きていくためにこの根本メッセージは、価値のあることなのでしょうか。

単なる知識としてのキリスト教ではなく、あなたがより善く生きるための「道しるべ」としてのキリスト教――この視点に立って、カトリック教会に保持され継承されてきたキリスト教の根本メッセージをこれから紹介して参ります。

そして、「キリスト教と呼ばれる信仰の生き方」とはどのようなことなのか、それがあなたにどのような生きる力、希望の呼びかけとなっているのか、このような視点を大事にしていきたいと思います。

4　聖書は分かりにくい？

あなたもこれまで聖書を読んだことがあると思います。でもどうでしょう、聖書を開いて読み始めると、聖書独特の言葉づかいとか考え方に戸惑いを覚えませんでしたか。

それは外国の人々が、たとえ自国語に訳されたものであっても、日本の古典である『徒然草』や『源氏物語』に触れたときに感じる戸惑いと同じことだと思います。しかも聖書が単なる文学ではなく、人類社会にはかり知れない影響を及ぼしてきた「信仰の書」であることを考えると、聖書の教えに初めて触れるとき、部分的に何らかの共感を覚える一方で、違和感や分からなさを感じるのは当然のことと思います。そこに書かれていることがらの背景がよく分からないからです。

ところでよく考えてみると、わたしたちが「何かを理解する」ということは、驚くべきことではないでしょうか。人は「理解」を広げ、深めることによって心を成長させていきます。しかし、人間として生きていくために大切なこととか、あるいは、周囲の人々の心を深く理解することなどは、そんなに簡単ではありません。時には困難をともない、時間もかかります。でも、どうでしょう、何かが分かったと感じたとき、理解した分だけ自分が大きくなり、力が身についたという経験がありませんか。そうです、「何かが分かる」ようになったということは、その「何か」が、自分のいのちの一部となったということなのですから。

当然、聖書の世界も異文化としての側面があるため、説明や解説が必要です。でもきちんと導かれていくならば、そこに示されているメッセージが自分にもかかわる問題だと気づき、これまで知らなかった世界についての理解を深めることになるでありましょう。それは一種の「開眼《かいがん》」とも言える経験です。

確かに、今のあなたにとって「聖書」はまだ分かりにくい世界かもしれません。しかし、心配なさらないでください。これから始める歩みで、聖書の根本メッセージ（エッセンス）をゆっくりと説き明かして参ります。きっとあなたも「聖書」を深く理解し、より善く生きるための希望と力をそこに見出していかれることでしょう。

5　出発に際して取り上げたい聖書のいくつかの箇所

ところで、さっそくですがキリスト教の根本聖典である『新約聖書』（これについては後に説明します）の中から、いくつかの箇所をここにご紹介しましょう。

その1　『マルコによる福音書』から

「人は、たとえ全世界を手に入れても、自分の命を失ったら、何の得があろうか。」（8・36）

その2　『テトスへの手紙』から[1]

「人々に、次のことを思い起こさせなさい。（中略）すべての善い業を行う用意がなければならないこと、また、だれをもそしらず、争いを好まず、寛容で、すべての人に心から優しく接しなければならないことを。わたしたち自身もかつては、無分別で、不従順で、道に迷い、種々の情欲と快楽のとりことなり、悪意とねたみを抱いて暮らし、忌み嫌われ、憎み合っていたのです。しかし、わたしたちの救い主である神の慈しみと、人間に対する愛とが現れたときに、神は、わたしたちが行った義の業によってではなく、御自分の憐れみによって、わたしたちを救ってくださいました。この救いは、聖霊によって新しく生まれさせ、新たに造りかえる洗いを通して実現したのです。神は、わたしたちの救い主イエス・キリストを通して、この聖霊をわたしたちに豊かに注いでくださいました。こうしてわたしたちは、キリストの恵みによって義とされ、希望どおり永遠の命を受け継ぐ者とされたのです。」（3・1〜7）

　これはパウロ[2]という人が、自分の弟子だったテトスに書き送った手紙の一部ですが、ここにはキリスト教信仰のエッセンスというべきものが述べられています。書かれた事柄を要約すると次のようになると思います。

(1)まず、これまでの身勝手な生き方から新しい生き方へと変えられたキリストを信じる者（テトスが信仰上のお世話をする人々）が、どのように生きるべきかが示される。
(2)キリスト信者は、神の慈しみと愛に出会って「救い」の恵みを受けたが、それは「洗礼」によってもたらされたものである。
(3)キリスト信者が授かった救いの恵みとは、聖霊の働きによって新たにつくり変えられ、「新しいいのち」に生まれ変わらせていただいたということである。
(4)これら一連の「いのちの変化」とは、次のようなことを意味している。
イ．この変化は、イエス・キリストの「贖《あがな》いの恵み」によるものである。
ロ．この恵みによって、わたしたちは神との本来の関係に立ち返る。（＝義とされた）
ハ．それは、心の奥で求めてやまないもの（救いの渇き）を究極的に満たしてくれる「永遠のいのち」を受けることである。

その3 『フィリピの信徒への手紙』から[3]

「キリストは、神の身分でありながら、神と等しい者であることに固執しようとは思わず、かえって自分を無にして、僕の身分になり、人間と同じ者になられました。人間の姿で現れ、へりくだって、死に至るまで、それも十字架の死に至るまで従順でした。このため、神はキリストを高く上げ、あらゆる名にまさる名をお与えになりました。こうして、天上のもの、地上のもの、地下のものがすべて、イエスの御名にひざまずき、すべての舌が、『イエス・キリストは主である』と公に宣《の》べて、父である神をたたえるのです。」（2・6〜11）

これは、「キリスト賛歌」と呼ばれているもので、初期のキリスト信者たちが口にしていた、いわば自分たちの「キリスト信仰の要約」の一つでした。そこには一人の人物（キリスト）をめぐる、わたしたち人間には思いもつかない、いわば「神秘に満ちた大きな動き」が述べられています。このダイナミズムを整理すると、次のようになるでしょう。

(1)キリストという人（イエス）は、神の身分、すなわち神と等しい者であった。

(2)しかし、彼はそれに固執することなく、人間と同じ者になっただけでなく、僕《しもべ》の身分となり、十字架の死に至るまで従順だった。

(3)それ故、神はこのキリスト（イエス）という人物を極限まで称揚《しょうよう》した。

(4)このためにすべてのものは、「イエス・キリストは主である」と公に宣《の》べて、父である神をたたえるのである。

その4 『ヨハネによる福音書』から(4)

「初めに言《ことば》があった。言は神と共にあった。言は神であった。この言は、初めに神と共にあった。（中略）言の内に命があった。命は人間を照らす光であった。（中略）言は肉となって、わたしたちの間に宿られた。わたしたちはその栄光を見た。それは父の独り子としての栄光であって、恵みと真理とに満ちていた。（中略）いまだかつて、神を見た者はいない。父のふところにいる独り子である神、この方が神を示されたのである。」（1・1〜2、4、14、18）

「わたしが与える水を飲む者は決して渇かない。わたしが与える水はその人の内で泉となり、永遠の命に至る水がわき出る。」（4・14）

最初に掲げた『ヨハネによる福音書』の冒頭の言葉、「初めに言《ことば》があった」はあまりにも有名で、きっとあなたも耳にしたことがあるに違いありません。福音記者ヨハネは、永遠の「神の言《ことば》」を示しながら福音書を書き始めます。ここに引用した二つの部分は次のように要約されるでしょう。

(1)一切の根源にあるのは「神の言葉」で、それがわたしたち人間を生かすいのちであり、光である。
(2)この「神の言葉」が人となってわたしたちの間に来てくださった方がいる。それは「神の子」で、わたしたちはその栄光、すなわち恵みと真理を体験した。
(3)誰も神を見た者はいないが、この方が「神たる御者」を示してくださった。
(4)人となった「神の言葉」、すなわち、「神たる御者」を示してくださった方こそイエス・キリストである。
(5)イエス・キリストが与える「水」を飲む者は、本当に心の渇きを満たすことができる。

6　共通して聖書が訴えていること

以上、「聖書」から四つの箇所を紹介しましたが、いかがでしたでしょうか。よく分からないというのが正直な感想かもしれません。

しかし、これらの箇所には共通している何かがあると気づかれたことでしょう。その一つは、「イエス・キリスト」と呼ばれる特別な存在が問題とされていること。もう一つは、この方とのかかわりが人に大きな変化を引き起こすということです。この変化とは、人間誰もが抱えているいわば「心の渇き」が満たされ、それによって人は「神」とのあるべき関係を獲得し、人として真に生きるようになるということです。

これから学びを進めていくうちに、ここで取り上げた聖書の箇所が、きっとあなた自身の問題でもあると気づき、そして、心の奥にひそんでいる満たされない渇きへの答えを発見することでしょう。

7 「渇き」はさまざま

マズローというアメリカの心理学者（一九〇八～一九七〇）は、人間のさまざまな欲求の中で最高のものは、「自己実現の欲求」だと言います。「自分」を完成してみたい、自分自身をしっかりつかんでみたい、生きていることを本当に納得したい――こうした打ち消すことのできない渇きは、考えてみれば人間の不思議な傾向です。この不思議な傾きを今、少し大きくとらえて「心の渇き」と呼んでみたいと思います。

ところで、「心の渇き」といった場合、「自己実現」の渇きに限らず、実にさまざまな様相を帯びています。実際、日々の歩みをちょっとでも振り返るとき、わたしたちの心は、喜びと悲しみ、希望と落胆、安心感とそれを脅かす不安や心配ごとなど、何とたくさんのことに満ちあふれていることでしょう。

理不尽な仕打ちを受けたり裏切られたりするとき、わたしたちの心は容易に恨みや憎しみの感情を抱き、心の落ち着きを失います。反対に自分の言動が人を傷つけてしまったり、失敗や挫折に他人を巻き込んでしまうこととなれば、その後悔が人知れずわたしたちを苦しめます。

また家族間やさまざまな人間関係におけるこじれや誤解、時には悪意ある仕打ちなどを体験するとき、わたしたち誰もが人を赦すことや、自分を苦しめる相手を受け入れることがどれほど難しいかを思い知らされます。その一方、こんな自分でもいいのか、こんな自分でも赦してもらえるのだろうか、という自分自身への問いかけがわたしたちを悩ませることもあります。

さらに、毎日毎日同じことを繰り返している自分に空しさを感じることもあります。何のためにこんなことを（特につらく感じることを）しなければならないのか、もっと大事なこと、やるべきこと、生きている喜びを活きいきと感じられることがあるのではないか。心の空白を何によって本当に満たすことができるのか。一度の人生の目的はどこにあるのか、何のために生きているのか——まさに心の叫びです。

そして、人生のたそがれを迎え、病気や老いによって「自分の死」が現実味を帯びてくるとき、果たして自分の人生はこれでよかったのかとしきりに思うようになり、生きてきた意味や、自分が生まれてきた理由への問いが重く心にのしかかってきます。

8　こころ安らかでいたい

わたしたちが「心の渇き」を覚えるのは、一つにはもろもろの悩みやそれが引き起こす混乱のために、見通しがつかない不安が心を占領してしまうからでありましょう。そうした中で誰もが、まず「自分を見失いたくない」「強くありたい」「心穏やかでいたい」と願うものです。そのうえで、しっかりと立つことのできる足がかりが欲しい、一歩でも前進できる見通しを持ちたい、頼りになる確かなものを手にしたいと願います。

さらに、「心の渇き」には、ありのままの自分を認め、肯定してくれる誰かを求める渇きもあります。不完全で罪深いこんな自分であっても赦してくれ、全面的に受け入れてくれる存在、共に歩んでくれる力強い存在、自分をゆだねることのできる頼もしい存在がそばにいて、この弱い自分を支え、希望と生きる意欲を与え続けて欲しい、という渇きです。

このように「心の渇き」は、きわめて多岐にわたるわたしたち人間の不思議な傾きです。キリスト教がイエスを「救い主（キリスト）」と呼ぶとき、こうしたわたしたちの重い現実を踏まえてのことなのです。

9　科学は「渇き」を満たすことができるのか

今日の、特に日本のような先進国においては、「宗教」そのものが疑いの目で見られ、軽んじられる傾向があります。その理由の一つとして、「宗教」の名を借りてさまざまの憂うべきことがなされるあまり、宗教本来の意義がよく見えなくなってしまったことがあろうと思います。また、現代の物質文明を支える科学を何か絶対なものと見なしてしまう傾向が強くなったこともその一因でありましょう。

今日、科学とその技術がもたらす身近な「生活の便利さや快適さ」に目を奪われるあまり、「科学」こそが人間の究極のよりどころであるかのような錯覚、あるいは、人間を幸福にしてくれるかのような思い込みが人々の間に広がっています。でも、長い人類の歴史からみれば、こんなことは、つい最近のことです。

しかし、原発事故の例に見られるように、人間が自然への畏怖を忘れ、あたかもすべてを支配できると思い上がるとき、どのような悲惨な結果をもたらしてしまうのか、人々は科学にも限界があることを強く知るようになりました。

確かに人間は、理性を駆使して科学技術の恩恵を手に入れます。しかし同時に、そうした便利さや快適さでは決して満たしきれない「人間の心の現実」があることを知っています。どんなに物質的に豊かであっても、人間を心の闇から解放することも、また、心の渇きを満たすこともないということです。

10　祈りと救い

「祈る人間の不思議さ」については、あらためて触れたいと思いますが、ここでは、わたしたちは「限界を知ればこそ祈る」、ということを確認しておきましょう。わたしたち人間が「祈る」のは、自分で自分を完全に救えない、わたしたちの心の渇きを自分で完全に満たすことができないからです。ここでいう「救い」とか「渇き」とは、先に触れたわたしたち人間のあの不思議な心の傾向であることは言うまでもありません。

考えるヒント

■「キリスト教」というと、あなたはどんなイメージを持っていますか。
■これからの学びに、どんなことを期待しますか。
■講座の出発点として、聖書のいくつかの箇所が紹介されましたが、どんな印象を受けましたか。
■「こころの渇き」として述べたことをあなたも感じていますか。
■あなたは祈ったことがありますか。どのように祈ったのでしょうか。

注

（1）**『テトスへの手紙』** パウロの名による書簡の最後のものとされている司牧書簡。テトスはパウロの弟子の一人であった。その彼にパウロが個人的な手紙を書くという形をもって、およそAD一〇〇年頃、キリスト信者の信仰共同体（教会）をどう導くべきか、パウロの考えが示されている。「司牧」というのは、聖書の世界における羊と牧者というイメージにもとづく考えで、キリスト信者の信仰上の世話に当たる奉仕を意味する。なおこの「テトスへの手紙」はパウロ自身が書いたものではない。

（2）**パウロ** 小アジアのタルソス出身で、ローマ市民権を持つファリサイ派のユダヤ人。サウロと名乗っていた。誕生して間もないキリスト教に対して激しく迫害していたが、復活したイエス・キリストに出会って回心しキリスト教徒となる。早くから聖書の世界の外に生きる人々にキリスト教信仰を伝える使命を感じ、地中海の主だった都市への福音宣教に生涯を捧げた。その間にしたためた一三の書簡が新約聖書に収められている。AD六四年頃、ネロ皇帝のキリスト教迫害のさなかにローマで殉教した。

（3）**『フィリピの信徒への手紙』** パウロがフィリピに設立した信仰共同体（教会）にあてた手紙で、五五年頃エフェソで書かれた。

①魚（イクトゥス）

イエス[Ἰησοῦς]・キリスト[Χριστός]・神の[Θεοῦ]・子[Υἱός]・救い主[Σωτὴρ]

これら五つの単語のイニシアルを組み合わせると「ΙΧΘΥΣ／イクトゥス」となり、それは偶然「魚」の意味になる。そこで「魚のしるし」をもって迫害時代のキリスト信者たちは「神の子イエス・キリスト」という信仰告白を互いに確認し合った。

(4)『ヨハネによる福音書』一四九頁のコラム19を参照のこと。

第一章

なぜ「キリスト教」というのか

第一節　祈る人間

1　わたしたちの社会における「宗教」のイメージ

あなたは「宗教」という言葉を耳にすると、どんな印象を抱きますか。今日のわたしたちの社会では「宗教」という言葉は、あまり歓迎されていないようです。普通の生活を混乱させてしまう何かアブナイ世界で、いったんその迷宮に入ったらなかなか抜けられない。いろいろな脅しをかけられては金品を巻き上げられる。暴力やテロ活動さえあおるような得体のしれない闇の力を秘めている、など「宗教」には否定的なイメージがつきまとっています。

2　「宗教」をめぐる残念な現実

わたしたちの社会を震撼させたあの「オウム真理教事件」（一九九五年）は、「宗教」の本来の姿に打ち消すことのできない傷を残しました。あれは本当に「宗教」だったのか。あるいは、「宗教の名をかりた暴走集団」だったのではないか。なぜ、今日の日本の社会でこうした悲しい現象が起きてしまったのか。このような議論が今でも続いています。また、わたしたちの社会にさまざまの影響を与えている多くの新しい宗教団体の存在を見逃すことができません。

さらに世界に目を向けると、激しい民族や部族間の戦いに、多くの場合「宗教」がからんでいることを無視できません。宗教は本来「平和」をもたらすはずにもかかわらず、相互の憎しみや不信感をあおり、いったん火がつくと簡単には消すことができないほどのエネルギーを人々に湧き起こしてしまうようです。

今日のわたしたちの社会で、「宗教」についてマイナスのイメージが強いのは、こうした悲しい現実があるからでありましょう。

3　豊かな宗教的伝統と行事

しかしそれにもかかわらず、わたしたちの社会にも、たくさんの豊かな「宗教的伝統」や「宗教的儀礼」が大事にされていることも事実です。全国各地に散在する数えきれないほどの大小の神社やお寺や教会。そこを拠点にしてなされる華やかなお祭りや宗教儀礼の数々。人々は喜んでこれらに参加し、自分たちの心のよりどころをそこに見出し、生きる力を汲んでいます。

あなた自身の身の周りをちょっと振り返ってみてください。何とたくさんの宗教的なしきたりや行事があることでしょう。授かった子どもを感謝するお宮参り、子どもの健やかな成長を願う七五三、成人式、結婚式、葬儀、そして初詣やお盆の行事、お彼岸の墓参り、地鎮祭や棟上げ式、クリスマスや花祭り、厄払いや新車のお祓いなどなど。個人の歩み、また家族や地域社会の歩みの節目、節目で、わたしたちはこうした宗教的なしきたりや儀礼に敬意をはらいながらそれを行っています。

コラム1　神社、お寺、教会

わたしたちの国にはたくさんの神社やお寺や教会が見られます。その違いを簡単に述べてみましょう。

「神社」と言えば、小さな祠《ほこら》から広大な敷地と立派な社《やしろ》を持つものまでさまざまですが、いずれも日本古来の固有の信仰にもとづく「神道」の宗教施設です。大きく分けて「神社」には、二つの種類があります。一つは自然物（山、岩、巨木など）を御神体（神のやどり）として祀《まつ》るもので、古代人の自然崇拝の名残りを残しています。もう一つは日本神話の神々や歴史上の英雄を神として祀る神社で、天照大神を祀った伊勢神宮や、オオクニヌシの命《みこと》を祀った出雲大社、徳川家康を祀った日光東照宮などが有名です。明治政府が神道を国家神道として政治に利用したことについては、ここでは触れません。いずれにせよ、「神社」はその土地と歴史に根をおろし、人々の結びつきの象徴となってきました。

「お寺」は、七世紀に大陸から日本に入ってきた仏教の宗教施設で「寺院」と呼ばれています。元来はお釈迦様の教えにしたがって出家した人々が、修行に励みながら居住する場所でしたが、時代が経つにつれ仏像などの礼拝対象を祀る施設も指すようになりました。日本に仏教が入ってきた頃には、寺院建築は壮麗な建物と広い敷地をともなう、当時の華やかな大陸文明の象徴でもありました。仏教の影響を受けて、神道も神社を造るようになったと言われます。なお仏教にはたくさんの宗派があり、それぞれにお寺の形も違うのをご存知ですか。

「教会」は、キリスト教の宗教施設です。後に詳しく触れますが、「教会」という言い方は元来キリスト信者の信仰共同体を指しています。それが次第に信者が集まって礼拝を行う建物の意味にもなりました。今日「教会」と言えば普通「教会建造物」を指すほどです。しかし、「教会に行く」とは、本来キリスト信者が行う礼拝に参加するということです。カトリック教会では、ミサ聖祭を中心とした信仰の共同体を「教会」と言います。

4 宗教と「祈り」

ところで宗教儀礼やしきたりを振り返ると、そこにきまって「祈り」があることに気づきませんか。先に触れた身の周りの豊かな宗教儀礼やしきたりは、むしろ「祈り」を形にしたものだといえます。

すっかり有名になってしまった各地の盛大なお祭りは、観光イベントになった分だけ「祈り」の側面は薄れてしまいましたが、それでも祭りの原点にはきまって「祈り」があるのです。豊作祈願、疫病の予防や退治、平和の希求、死者の供養など、わたしたち人間生活に欠かせない種々の願いが「祈り」となり、さらにそれが共同体あげての盛大な祭りとなっているのです。

日本の歴史の流れにおいて、仏教は葬式仏教と言われるほどに「死者儀礼」を主とする宗教になってしまいましたが、でも、仏教は元来いかに生きるべきかを説く宗教でした。一般にわたしたち日本人はお寺の「ほとけさま」であっても、神社の諸々の「かみさま」であっても、願いをかなえてくれる自分（たち）の力強い味方と考え、「祈る」とは願いごとをお頼みすることと考えています。しかも、「ほとけさま」も「かみさま」も分業化され、学業、縁結び、商売繁盛、病気治癒など、それぞれ専門に願いを聞き入れてくれるありがたい存在として使い分けされているのは、興味深い現象です。

5　「宗教」の本来の姿はどこに

先に今日の社会では、「宗教」に対して何らかの警戒感があることについて触れました。そのことと、今見たばかりの豊かなお祭りや宗教儀礼が人々の生活の一部ともなっている現実――このギャップは何を意味しているのでしょうか。

「宗教」の本来の姿を考えるとき、それはもともと素朴な祈りに土台があると言えます。それがいつの間にか、権力と結びついて「宗教勢力」となり、人々の生活を抑圧してしまう――人間の歴史において洋の東西を問わずこうしたことが何度も繰り返されてきました。不思議なことです。祈る心は大切にしたいが、自分は特定の宗教団体には所属したくない。特にオウム真理教事件以降、この意識は人々の中で強くなっているようです。

このように「宗教」をめぐっては、さまざまな問題があることにあらためて気づかされます。

6 「スピリチュアル」ブーム

今日、わたしたちの社会には「スピリチュアルブーム」という現象が見られます。宗教はイヤだけれど「スピリチュアル」ならいいと、一般に思われているからなのでしょうか。「宗教」のもつ何らかの硬いイメージとか、束縛されるのではないかという警戒心がある一方、「スピリチュアル」なら緩やかだし、自分本位でいられるという考え方がスピリチュアルブームの背景にあるようです。

しかし、これからご一緒に考えていく「キリスト教信仰」は、形がい化した宗教でもなければ、個人の気ままさを満たすようなものでもありません。「宗教」という言葉でも「スピリチュアル」という言葉でもくくりきれないものがそこにあります。なぜそうなのか、そのことをこれからご一緒に探求していきましょう。

コラム2 「スピリチュアル」ということ

「スピリチュアル／spiritual（英語）」という言葉は、本来キリスト教世界で使われてきた信仰用語です。それは聖書の世界観を背景にした言葉で、人間の救いにかかわる「神の息吹き

／spiritus（スピリトゥス）（ラテン語）」の形容詞形「spiritualis（スピリトゥアーリス）」に由来し、ひそかに人間に働きかける「神の息吹きの」を意味します。ところが明治時代、「spiritus」は「霊」、「spiritualis」は「霊的」と訳されてしまいました。日本の宗教的伝統において「霊」という語は、独特の意味を帯びているため、この訳は不適切であると言わなければなりません。

今日、一般的に「霊界にかかわることがら」は「霊能、霊視、霊媒」、あるいは「占い」や「前世」と結び付けられて理解され、しばしばテレビ番組となって好奇心の対象とされています。そのため、人々が「霊」という文字がかもしだすゆがんだイメージにとらわれることがないようにと、カタカナで「スピリチュアル」と表現されるのですが、日本人の多くはこの語にある種のいかがわしさを感じてしまうようです。

専門的な教育を受けた人が「傾聴」を手段として、人間の尊厳を大切にしながら心の奥深くにある痛みをケアする活動――これが「スピリチュアルケア／spiritual care」と呼ばれる活動です。

まとめ

■今日、一般的に「宗教」についてマイナスのイメージが強いが、その理由の一つとして、ある人々や集団が自分たちの力の誇示や支配力を増すために「宗教」を悪用しているからであろう。

■一方、わたしたちは多くの宗教儀礼や行事に囲まれて生きている。

■宗教の根本には「祈り」がある。

考えるヒント

■この節を読んで、印象に残ったことがありますか。

■あなたは「宗教」について、どのように考えていますか。

■人々は「宗教」というと警戒感をいだきますが、なぜでしょうか。

■今、あなたにはキリスト教に期待するもの、求めるものがありますか。それはどんなことでしょう。

第二節　なぜ「キリスト教」と言うのか？

1　キリスト教信仰の根本をひとことで述べるなら

「（ナザレの）イエスこそがキリストである」――これがキリスト教信仰の土台です。この信仰は、簡潔に「イエス・キリスト」というふうに表現され今日にいたっています。

そこでイエスのことについては後で述べることにして、まず「キリスト」という言葉の意味について考えてみましょう。

作曲家ヘンデル（一六八五～一七五九）の『メサイア』という作品をご存知と思います。この有名な曲のタイトルとなっている「メサイア」とは「メシア」の英語訛《なま》りで、もともとはユダヤ人の言葉（ヘブライ語）に由来します。それは「油注がれた者」という意味ですが、ここでの「油」とは香油のことです。

2　香油を注ぐことの意味は？

「聖書」に記されているところによると、ヘブライ人(1)（＝イスラエル人）の文化では、ある人物が王とか祭司、あるいは預言者といった重要な職務に就くときに、神のご加護を願って頭に香油を注ぐという儀礼がなされていました。それで「香油を注がれた者（＝メシア）」とは、神に聖別され特別な使命を帯びた存在とみなされたのです。

後に「メシア」という語は「クリストス」というギリシャ語に置き換えられ、さらに「キリスト」と訛って、わたしたちにもなじみ深い言葉として使われるようになりました。

コラム3　「聖書」という書物について

「聖書」は英語で「ホーリー・バイブル／Holy Bible」と呼ばれるほど、キリスト信者たちが大事にしてきた書物です。「聖なる書物」と呼ばれるのは、生きていく力や希望を人々が神からいただいたと見なすからです。

「バイブル」とは、元来「巻物」を意味します。それを「聖」とか「ホーリー」と呼んで尊ぶのは、「イエスをキリスト」と告白する信仰の証言がつづられているからです。つまり、確かな救いの希望が、そこに書き留められ、それが時を超えて人々に真の救いの在りかを示していると認めるからなのです。

「聖書」と呼ばれる書物は、大きく二つの部分から成り立っています。一つは「旧約聖書」と呼ばれる部分、もう一つは「新約聖書」と呼ばれる部分です。「旧約聖書」とはユダヤ教の聖典を指し、「新約聖書」はキリスト教の聖典を指しています。しかし、なぜ聖書にはこのように二つの部分があり、しかも「旧約」とか「新約」という言葉がつけられているのでしょうか。この大事な点については、後に改めて詳しく触れてみることにします。

3　なぜ、イエスを「キリスト」と呼ぶのか？

ところで「イエスはキリストである」と宣言するとき、イエスはどのような使命や任務を帯びたために「キリスト」と呼ばれたのでしょうか。この点についてのイエス自身の自覚とはどんなことだったのでしょうか。

この点が最も大切なことです。これから「キリスト教」について学んでいきますが、そのねらいは、実はこの点にあるといえるほどです。普通「メシア／キリスト」は「救い主」とか「救世主」を意味する言葉として使われます。この点も合わせて、なぜイエスが「キリスト（救い主）」と信じられるようになったかについて、これから学んでまいります。

4 「クリスチャン」という言葉について

「キリスト」という言葉が出たついでに「クリスチャン」という言葉についても少し触れておきましょう。「クリスチャン」は英語ですが、これもまた、キリスト教が生まれた頃に使われていたギリシャ語に由来する言葉です。ギリシャ語で「クリスティアノイ」とは、イエスをキリストと信じる弟子たちにつけられたあだ名で、揶揄《やゆ》の意味合いも含んでいました。アンティオキアという町で始まったと言われています。後に触れるように、最初「十字架につけられて死んだイエス」を「キリスト（＝救い主）」と呼ぶ弟子たち（人々）を軽蔑する思いが、この「クリスチャン」という言葉にはありました。しかし、後にこの呼び名は「キリスト信者」「キリストのものとなった人」を指す言葉として定着し、今日にいたっているのです。

ちなみにわたしたち日本の歴史における一六～一七世紀初頭の時代は「切支丹時代」と呼ばれますが、その場合の「切支丹／キリシタン」という日本の言葉もまた「クリスチャン」の意味で、ポルトガル語に由来します。

また、人類社会という舞台でキリスト信者が与えた影響には測りしれないものがあることを忘れることはできません。(2)

まとめ

■キリスト教は、ひとことでいうなら「イエスはキリストである」と信じる宗教である。

■なぜイエスが「キリスト（救い主）」なのか――このことをよく理解し、自分への問いかけとしていくことが当講座の目的である。

考えるヒント

■この節を読んで、印象に残ったことがありますか。

■「聖書」についてどんなイメージをもってきましたか。

■「キリスト」というと、どんなことを考えますか。

■あなたの近しい人に「キリスト信者／クリスチャン」がいますか。その人は何を信じているのか考えたことがありますか。その人にどんな印象を持っていますか。

注

(1) **「イスラエル人」「ユダヤ人」「ヘブライ人」という言い方について**

「イスラエル人」「ユダヤ人」「ヘブライ人」と言う言葉はどれも、「聖書」を生み出した同じ民族を指す言葉であるが、それぞれに違った意味合いがある。

・イスラエル人……「イスラエル」とは「神は治める」という意味で、聖書の民（一二部族の宗教連合）の自称となり、自分たちは神から特別に選ばれた神聖な民族であるという自己理解を示している。他民族からは「ユダヤ人」と呼ばれた。

・ユダヤ人……元来は、族長ヤコブの第四子ユダ部族の者、あるいは、南王国ユダに住む人々を指していたBC一～二世紀になると「ユダヤ」はパレスチナ全土を指す語となり、そこからそこに住む民族を「ユダヤ人」と呼ぶようになった。

・ヘブライ（ヘブル）人……イスラエル人、ユダヤ人の別称。「ヘブル」とは「渡って来た者、流れ者」という意味で、聖書の民が遊牧民であった名残りがこの言葉にはある。

(2) 影響を与えたキリスト信者

現代世界に大きな影響を与えたキリスト信者として、マーティン・ルーサー・キング牧師、マザー・テレサ、ヨハネ・パウロ二世などがあげられる。また明治以後の日本では新渡戸稲造、新島襄とその妻八重、神谷美恵子など社会に貢献した多くの人々がいる。遠藤周作はカトリック作家として文学界に大きな業績を残した。

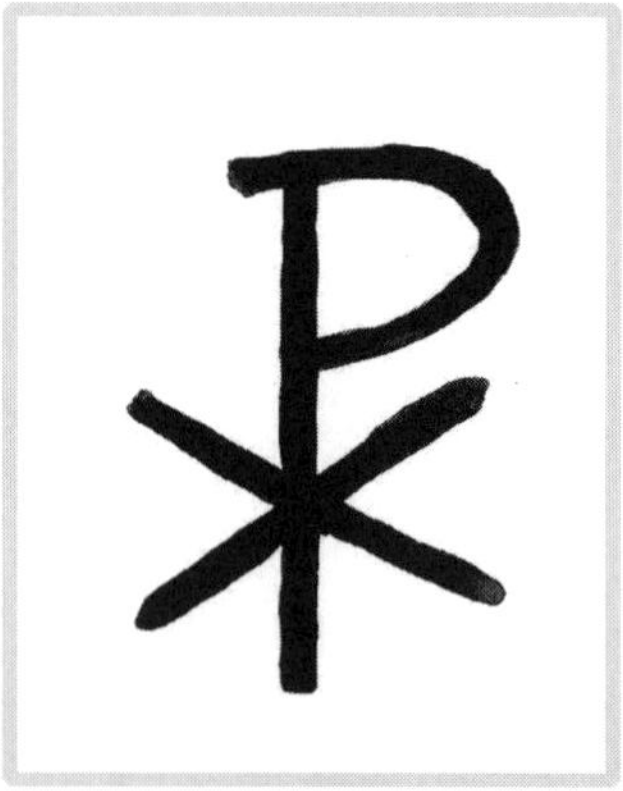

②キー・ロー

ギリシャ文字による記号。[P] はギリシャ語では「ロー」と読み、ローマ字の [R] に当たる。[ΧΡΙΣΤΟΣ]（クリストス＝キリスト）の最初の二文字 [X] と [P] を組み合わせて「キリスト」を意味する記号とした。

第二章

イエスをめぐる歴史的な背景

第一節　イエスに至るまでの長い道のり

1　イエスについて学ぶには

「イエスこそがキリストである」というのが「クリスチャン（キリスト信者、キリスト教徒）」の信仰です。「信仰」とは、そこに自分の一度の人生をかけて生きる全幅の信頼のことです。すると「キリスト」と呼ばれて信仰されたイエスとはいったいどんな人だったのでしょうか。また、この人物についてはどのようにして知ることができるのでしょうか。

イエスを知る一番の道は、何といってもキリスト教が聖典としている『新約聖書』をひもとくことです。

コラム4　「イエス」という名前について

「イエス」という名前は、彼が生きた当時、ポピュラーな名前の一つでした。ヘブライ語では「イエホシュア」と発音され、「（神は）助ける、救う」という意味の名前です。これがギリシャ語圏では「イエスース」と訛って、その後キリスト教が広がっていくにつれ、色々な言語で発音されるようになりました。

今日、日本では一般に「イエス」と発音されていますが、二五〇年間続いたキリスト教に対する弾圧（キリシタン迫害）の時代には「耶蘇《やそ》」と言われ、「ヤソ教」と言えば人心を惑わす淫祀邪教《いんしじゃきょう》の最たるものとされました。ちなみに「切支丹」にしても「耶蘇」にしても、長い間冷酷な差別用語として使われてきたことは、日本の歴史の悲しむべき汚点の一つとなっているほどです。

2　『新約聖書』とは

いったい『新約聖書』は、どうして生まれたのでしょうか。先に「イエスをキリスト」と信じることから、キリスト教がおこったと言いました。この信仰告白を記したものが『新約聖書』です。そうすると、文字や文書で書き留められた「キリスト教信仰」が、どのようにして生まれたのか——このことをしっかり理解しておくことが大切です。

3　イエスの背景をなすユダヤ教（イスラエル人の民族宗教）

イエスは、大きく言えば今日のパレスチナと呼ばれる地域のさらにガリラヤと呼ばれた辺境の一寒村・ナザレという村の出身です。ほぼ二〇〇〇年前のことです。

この地域の住民の大部分はイスラエル民族でしたが、当時は地中海沿岸をくまなく制圧していたローマ帝国の支配下にありました。

ところで、イスラエル民族は、他の諸国民が多神教であったのと違って、「唯一の神」をかたくななまでに信仰し、この神を「ヤーヴェ」と呼んでいました。この神は、宇宙万物の創造主であり、人間の想像をはるかに超えた全能のお方でありながら、自分たちイスラエルの民を熱烈な愛をもって導いてくださる方であると、彼らはかたく信じていたのでした。

4　イスラエル民族の神体験の原点

イスラエル民族の伝承によれば、神（ヤーヴェ）は自分たちのルーツであるアブラハムを呼び出し、カナンの地（今日のパレスチナ地方の古代名）に導いたのでした。BC一九〇〇年頃のことと言われています。アブラハムを太祖とするイスラエル民族は、その後カナンの地に定住したもののひどい飢饉にみまわれ、BC一七〇〇年頃にはエジプトに移住することになりました。その後、時代が経るにつれイスラエルの民は増え続け、危機を感じたエジプト社会は彼らを奴隷にしてしまいます。

彼らが自分たちの民族の名前とした「イスラエル／神は治める」の意味をいっそう自覚したのは、BC一二五〇年頃、指導者モーセに導かれてエジプト人の圧迫から解放された歴史的事件のときです。

彼らはこの「エジプトからの解放」(1)と呼ばれた出来事を通して、深い神体験を持ったと同時に、「神に導かれるわれら」という民族の誇りと自覚を持つようになったのです。さらに彼らは、神・ヤーヴェはモーセを通して、自分たちイスラエルの民とシナイ山で契約を結んだと証言します。すなわち、神は自ら「イスラエルの神」となることを約束した見返りに、イスラエル人たちには自分の意思を受け入れる「神の民」となるように命じたというのです。強烈な選民意識の始まりでした。

コラム5　聖書における「契約」の考えについて

「契約を結ぶ」というと、わたしたちは普通、贈与とか貸借、雇用や委託など、対等に責任を負い合う約束のことを連想しますが、聖書の世界はそれとは少々違っています。すなわち、人間の救いを望む神の方からの一方的な働きがまずあって、それに人間が応えるという「恵みの関係」を「契約」という言葉で表しているのです。このことは、ユダヤ教信仰を理解するうえできわめて大事な点です(2)。
日本の宗教的伝統には聖書と似た「他力信仰」と呼ばれるものがありますが、しかし「契約」の考えやイメージはありません。なお一二七頁の「理解を深めるために」参照。

5　その後のイスラエル民族の歴史と預言者

イスラエル民族は次第にパレスチナ地方を征服し、そこに定住していきます。しかし、弱小民族であった彼らがその後にたどった歴史は悲惨に満ちていました。次々と周囲に興亡する大国の支配に翻弄《ほんろう》され、唯一の神への信仰は、たえず試練にさらされたからです。

このような度重なる「神の民・イスラエル」の危機のたびに、自分たちを選んで契約関係（恵みの関係）を結んでくれた神への信頼をとり戻せと、力強く訴えて民を励ましたのが「預言者(3)」と呼ばれた人々でした。

彼らはイスラエルの民が、互いに憎み合い、争いや不正をもって神に背を向けるなら、神は怒りと罰を下すと激しく訴えます。同時に彼らは民が自分の非を認めて悔い改めるなら、神はゆるしを与える慈しみ深い方でもあると訴え続けたのでした。

6　「メシア（救世主）の到来」の期待

預言者について触れるついでに、特に注目したいことがあります。それは、BC六世紀頃から「メシア（救世主）の到来」の期待が次第に高まっていったということです。特に『第二イザヤ書(4)』と呼ばれる預言書では、単に国家の再建や民族の救いのための「メシア」ではなく、メシア自身が人々の罪を負う「苦しむ僕《しもべ》」として描かれました。人々を罪から解放するために自分のいのちを献げるこの僕は、神と人間の間の新しい絆（契約）の体現者となって、諸国の民を照らす光となると預言されたのです。（イザヤ42章）

BC二世紀頃になると、神が「新しい天と新しい地」を造る日がいつか到来し、死を乗り越える輝かしい祝福のときがやって来るという待望が、イスラエルの民の間に盛り上がっていったのです。

まとめ

■イエスとイエスへの信仰について触れるとき、その温床となった「ユダヤ教」についてある程度理解しておく必要がある。

■イスラエル人の民族宗教であるユダヤ教は、多難な歴史を通して育まれた力強い一神教である。

■エジプトでの奴隷状態からの解放と「シナイ山での契約」は、そこに神が介入した出来事であると信じられ、以後のユダヤ教の骨子となった。

■「メシア（救い主）」の到来の期待が次第に強まり、預言者イザヤの書にはそれが明確に記述されるようになった。

考えるヒント

■この節を読んで、印象に残ったことがありますか。

■イスラエル民族の多難な長い歴史は、神との出会いを深めていく道のりでした。あなたの人生を振り返るとき、そのようなことを感じますか。例えば、さまざまな苦しみや迷いを経ながら、何か変わらない確かなものに向かってきた自分であった……など。

■『イザヤ書』に、メシア自身が人々の罪を負って苦しむ僕《しもべ》として描かれていることは、興味深いことです。あなたは自分が受ける苦しみが、誰かのためになると感じたことがありますか。

注

（1）**エジプトからの解放の出来事**　奴隷状態から逃れるために、モーセに導かれてエジプトから脱出した出来事。その後、故郷のカナンの地を目指してシナイ砂漠を四〇年間漂泊する。

（2）**ユダヤ教**　古代イスラエル民族のヤーヴェ一神教を起源とする民族宗教。狭義にはBC六世紀のバビロニア捕囚帰還後に再建されたエルサレム神殿祭儀とモーセの律法を土台とするユダヤ民族の宗教である。

（3）**「預言者」とは**　預言者の存在は、ユダヤ教の大きな特徴の一つと言える。しかし、日本語では未来を予言する「予言者」と発音が同じなため注意を要する。聖書における「預言者」とは、イスラエル社会が神のみこころに反して暴走する度に、神から呼び出され、託された神の言葉（メッセージ）を全身全霊で公に訴える任務を帯びた人のことを言う。当然、彼らは支配層から弾圧を受け、その多くが排斥され殺された。モーセをはじめイザヤ、エレミヤ、エゼキエルといった大預言者たちは、まさに神の民イスラエルの真のリーダーであったと言える。

（4）**『第二イザヤ書』**　BC八世紀に、当時の南ユダ国で活躍した預言者イザヤの名前がつけられた書物。この『第二イザヤ書』は、BC六世紀に書かれたもので（イザヤ40～55章の部分にあたる）、作者は不詳。この書は、罪のゆるしと捕囚からの解放が預言され、特に53章において「苦難の僕」の贖罪による救済が告知される。

第二節　イエスの時代

1　はじめに

イエス・キリストと言えば、きっと皆さんも十字架にはりつけにされた痛ましい姿を連想することでしょう。なぜそのような悲惨なことになってしまったのでしょうか。イエスという存在を理解するために、まず彼が生きた当時のイスラエル社会の様子を見ることから始めましょう。

2　ローマ帝国の支配下にあったイスラエル民族

先に見たように、当時の地中海世界とヨーロッパ大陸は強大なローマ帝国の支配下にあり、イスラエル民族が住むパレスチナ地方もまたローマの属国とされていました。それは広大な帝国領土の中ではほんの一角を占めていたにすぎませんが、そこに住むイスラエル民族は、自分たちを唯一の神から選ばれた特別な存在であると信じ、強い選民意識を抱いていました。そのため、多神教を当然としていたローマ帝国側も譲歩し、相応の自治権を彼らに認めていたほどでした。統治力にたけていたローマ人は、自分たちには理解できないユダヤ人たちの信仰には、手を触れないことが無難と考えていたのです。

しかし、唯一の神に対する信仰は、元来イスラエルの人々を結ぶ強い絆であったはずなのですが、イエスが登場した時代にはこの信仰はかなりゆがめられていました。

3　当時の支配者たち

イエスの時代、パレスチナは中部・南部のユダヤ地方をローマ総督のピラト(1)が統治し、北部のガリラヤ地方をユダヤ人のヘロデ・アンティパス（在位BC四～AD三九）がローマ帝国の支配下に置かれた領主の地位を得て統治していました。

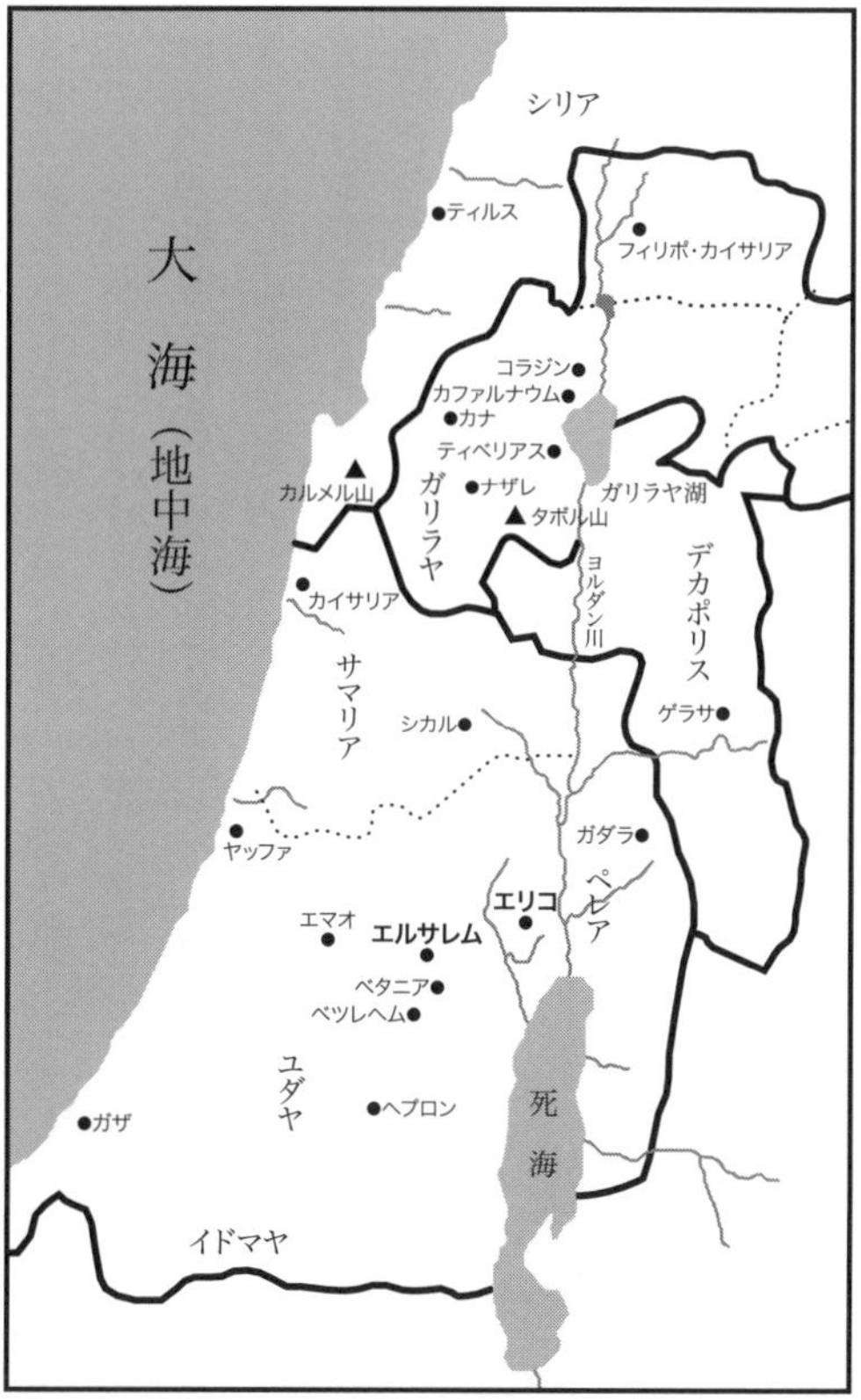

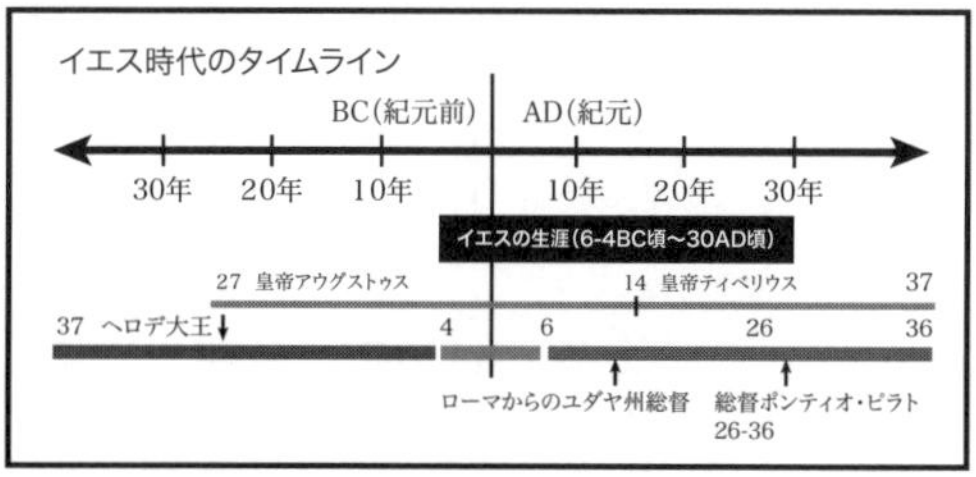

※上記の図表は『キリスト教資料集』（富田正樹著／日本キリスト教団出版局）を参考に作成したものです。

ローマ皇帝の名代だった総督ピラトは、典型的な権力主義者で、帝国の中央での出世を夢見ていた人物でした。一方、保身のためにローマ勢力に迎合していた領主ヘロデ・アンティパス（ヘロデ大王の息子）は、ローマ皇帝の威光を後ろ盾に自国民を搾取し、自分に対して批判する者を容赦なく弾圧する暴君として恐れられていました。

4　イエスの故郷

イエスは最晩年のヘロデ大王（BC三七〜四）の時代に生まれ、ガリラヤ地方のナザレという寒村でヨセフとマリアを両親として育てられました。ガリラヤ地方は、エルサレムを都とするユダヤ地方からは辺境の地と見なされ、蔑視されていました。住民の大半は貧しい農民でしたが、大王の息子で領主に格下げされたヘロデ・アンティパスの圧政、ローマ帝国の重税、それに中央に納める神殿税に苦しめられていました。もちろん南部のユダヤ地方の人民とて同じように、こうした搾取に苦しんでいたことに変わりはありません。

ガリラヤ地方において、ローマ帝国の支配に反抗する民族主義者たちのゲリラ活動や一揆が頻発して帝国側を悩ませたのは、搾取による貧困のためだけではなく、先祖伝来の信仰に根ざした強い選民意識が人々をつき動かしていたからです。

後に、イエスとその弟子たちが宣教活動を始めると、彼らがガリラヤ出身というだけで、支配者たちから危険視されたのは無理もないことでした。

5　政教一致のイスラエル社会

イエスの時代、イスラエルの民はローマ帝国の支配下に置かれていただけでなく、もう一つの強大な支配の下にありました。それはエルサレムの神殿に拠点を置く「最高法院／サンヘドリン（ヘブライ語）」（一四二頁の注2参照）の支配で、議長の大祭司の下に七〇名の議員から構成されていました。祭司貴族たち（サドカイ派）とユダヤ教の正統的指導者たち（ファリサイ派）が多数を占めていたこの最高法院は、ローマ側からイスラエル民族に与えられた自治権を行使する中枢機関だったのです(2)。

わたしたちの今日の日本と違って、当時のイスラエル社会は「政教一致」の社会で、唯一の神への信仰と、それにもとづく社会生活や政治的な方策は一体のものでした。そのためサドカイ派やファリサイ派が絶大な権力を握っていたことは言うまでもありません。後に、このググループがイエス殺害を画策することになります。

6 「神殿」と「律法」の二本の柱

当時のイスラエルの宗教社会は「神殿」と「律法」によって支えられていました。

「神殿」は祭司貴族たちが牛耳っており、彼らの関心は、エルサレムの壮麗な神殿で日々の「いけにえの儀式」が規則正しく行われ、民衆がこれに参加して宗教義務を果たすこと、さらに神殿政治を維持するために「神殿税」をとどこおりなく徴収することでした。

一方、「律法」を厳格に遵守《じゅんしゅ》することを目指す律法主義は、イスラエル社会の一番大きなグループであった「ファリサイ派」によって支持されていました。「律法」はヘブライ語で「トーラー」と呼ばれ、元来は「教え」を意味しますが、歳月を経るうちに、守るべき細かな宗教規定として人々の生活のあらゆる分野を規制するものとなっていました。イエスの時代、ファリサイ派の人々は熱心に「モーセの律法」を研究し、それを正確に守ることに専念していました。しかし、彼らはいつの間にか優越感に浸って独善的、排他的になり、「律法」を守らない（あるいは守れない）人々を「罪びと」と呼んで、ひどく軽蔑していたのです。

7 ローマの権力に逆らう人々と追従する人々

また、当時イスラエル社会には、武力をもってローマ帝国の支配と抑圧からの解放を目指す

「急進派[3]」と呼ばれた人々も多く、彼らはローマ人だけでなく、ローマの占領に組していた同胞のイスラエル人をも憎悪していました。その代表格は売国奴とみなされた「徴税人」と呼ばれる人々で、ローマ帝国に納める税を取り立てる任務に当たっていました。彼らはローマの権力を笠に着て、決められた額よりも多く取りたてて私腹を肥やしていたため、人々の大きな恨みを買っていたのです。

さらに、当時の世俗化した「神殿」中心のユダヤ教社会に背を向けて、砂漠に退き、ひたすら神への信仰を生きようと励んでいた「エッセネ派[4]」という人々がいました。彼らは厳格な規律のもとに共同生活を営み、深い霊性を体得した人々であったため、民衆の尊敬を集めていたのです。

8　イスラエル社会の貧困者たち

当時のイスラエル社会にもまた、ひどい貧富の差がありました。権力や富を手中にしていた少数の人々は、敬虔な心から律法遵守にはそれなりに気をつかっていたものの、ぜいたくな生活に明け暮れ、貧しい人々の困窮には目もくれませんでした。

イスラエル社会の大部分は、農民や羊飼いなど家畜の世話をする人々、漁師や職人たちから成る貧困層でした。さらに社会の底辺には、「アム・ハアーレツ（地の塵の民）[5]」と呼ばれたほどに、悲惨な状態に追いやられたおびただしい人々がいました。やもめや孤児、娼婦、盲人、身体の不自由な人、不治の病いと見なされていた重い皮膚病をはじめ、さまざまな病気に悩まされていた彼らの不幸は、すべて自分や自分たちの先祖が犯した罪の結果であると考えられていました。彼らはその不幸ゆえに、神に呪われた者、汚れた罪びとと見なされ、イスラエル社会においては厳しい差別を受けていたのです。

このような貧しい民衆は、イスラエルの神がいつの日か「メシア／キリスト」を送り、ローマ帝国の支配をくつがえして、自分たちに独立と自由を回復してくれる平和な時代がやって来ることを祈り、夢見ていたのでした。あの「メシア待望」（三一～三二頁）がますます強まっていたのです。

9　クリスマスについて

クリスマスと言えば、年の瀬を飾る心温まる素敵なお祭りとしてわたしたちの社会ではすっかり定着しています。毎年この時期は「クリスマス・シーズン」と呼ばれるほど、華々しいクリスマス商戦をはじめ、クリスマス・ツリーやデコレーションケーキ、サンタクロースや美しいイルミネーションなど、喜びと平和のシンボルが全国に満ちあふれ、年の瀬に彩りをそえています。

これに加えてキリスト教文化圏では、馬小屋、星の光、羊、天使など、聖書の「イエスの誕生物語」に由来するいろいろなシンボルが街や家庭を飾ることを、皆さんもテレビなどでご存知のことと思います。

10　イエスの誕生

日本にすっかり定着した「クリスマス」という年末を飾るお祭りの原点は、実はイエス・キリストの誕生を祝う日なのです。

ところで、「聖書」はイエスの誕生の次第について、詳しいことは何も記していません。ただ『ルカ福音書』だけが「イ

エスの誕生物語」を次のように印象的に述べています。

「そのころ、皇帝アウグストゥス(6)から全領土の住民に、登録をせよとの勅令が出た。これは、キリニウスがシリア州の総督であったときに行われた最初の住民登録である。人々は皆、登録するためにおのおの自分の町へ旅立った。ヨセフもダビデの家に属し、その血筋であったので、ガリラヤの町ナザレから、ユダヤのベツレヘムというダビデの町へ上って行った。身ごもっていた、いいなずけのマリアと一緒に登録するためである。ところが、彼らがベツレヘムにいるうちに、マリアは月が満ちて、初めての子を産み、布にくるんで飼い葉桶に寝かせた。(7)宿屋には彼らの泊まる場所がなかったからである。その地方で羊飼いたちが野宿をしながら、夜通し羊の群れの番をしていた。すると、主の天使(8)が近づき、主の栄光が周りを照らしたので、彼らは非常に恐れた。天使は言った。「恐れるな。わたしは、民全体に与えられる大きな喜びを告げる。今日ダビデの町で、あなたがたのために救い主がお生まれになった。この方こそ主メシアである。あなたがたは、布にくるまって飼い葉桶の中に寝ている乳飲み子を見つけるであろう。これがあなたがたへのしるしである。」すると、突然、この天使に天の大軍が加わり、神を賛美して言った。『いと高きところには栄光、神にあれ、／地には平和、御心に適う人にあれ。』」

(ルカ2・1〜14)

このようにイエスはイスラエル民族の具体的な歴史のただ中で誕生します。ルカが記す喜びに満ちた「イエスの誕生物語」のメッセージは、次のようなことです。

神の子イエスは王のように地上の権力を握る者としてではなく、「真の救い主」としてすべての貧しく、低くされている人々の中に生まれた。すべての人々の救いを実現するために、神はその「独り子」を無力きわまりない赤子として、人の世に入ってこられた。利己主義(エゴイズム)の結果である混乱と悲惨さが渦巻く人間の歴史の中に、このような形をとって「神の想い」があらわれ、イエスによって確かな救いのわざが始まった――これが「クリスマス」[9]を祝うことの根本的な動機なのです。クリスマスが「喜びの祝祭」であるのは、聖書に記された「救い主」がついに到来したという喜びに由来します。

まとめ

■イエスの教えは単なる抽象的・観念的な道徳論でもなければ、一時的な気休めに誘う立派な教えなのでもない。イエスをよく理解するためには、イエスの言葉がどのような人々に向けられたのかを知る必要がある。

■ローマ帝国の圧政とイスラエル社会の宗教的な偏狭という二重の締め付けが、特に貧しい人々を苦しめ、生きる希望を奪っていた。

■この人々は「救世主（キリスト／メシア）」の到来を、待ちこがれていた。

考えるヒント

■この節を読んで印象に残ったことがありますか。

■いつの時代においても、人間の社会には問題が山積していますが、その原因はどんなところにあると思いますか。

■イエスの時代における貧富の大きな差の問題をわたしたちの社会における問題と重ねて考えてみましょう。

注

(1) **ピラト** ローマ帝国の属州であったユダヤの総督。在職AD二六～三六。ユダヤ人に対しては残酷で侮蔑的な行動をとった。

(2) **サドカイ派とファリサイ派** (1)サドカイ派。BC二世紀成立したユダヤ教のグループで、主に貴族的な祭司階級から成り、ファリサイ派と主導権を争った。ローマ政権との関係は良好であったが、民衆からは人気がなかった。書かれたモーセの律法だけを認め、死者の復活や天使の存在を否定し神殿礼拝だけを認めた。イエスに対しては政治犯としてローマ側に十字架刑を執行させた。(2)ファリサイ派。BC二世紀のマカバイ戦争の時に下層民によっておこされたハシディーム（神の恵みに生きる人々の意）が起源とされる。一世紀には貴族・祭司などの上層階級にも進出し、ユダヤ教の主流となった。サドカイ派の神殿礼拝に対しシナゴーグ（会堂）礼拝を認め、書かれたモーセの律法だけでなく口伝律法も同等の価値があるとした。学者による律法解釈とその研究を重んじ、民衆への信仰育成に熱心であった。しかし、その行いが律法に反しているとイエスから激しく批判される。パウロは元ファリサイ派であった。（五九頁の注2参照。）

(3) **急進派** 律法の遵守に熱心であるところから「熱心党／ゼロータイ」とも言われる。唯一の神ヤーヴェ以外の主権を認めない立場からローマ支配に反抗する勢力であった。イエスの弟子のシモンも熱心党だった（ルカ6・15）。

(4) **エッセネ派** 一世紀のユダヤ教世界における宗教グループ。世俗や民衆から離れた場所で農業や牧畜に従事し、私有財産を否定して共同生活を営んだ。ファリサイ派の一派と考えられ、独身主義、平和主義を貫き、自分たちこそ「真のイスラエルである」と主張した。一世紀には四〇〇〇人を数えた。後のキリスト教における修道生活のルーツと言われる。

(5) **アム・ハアーレツ（地の塵の民）** ユダヤ教の日々の戒律を守らない人々の総称で、社会的には主に下層階級に属する。イエスの時代にはユダヤ人の九割がこれに属していたと推定される。

(6) **皇帝アウグストゥス** ローマの初代皇帝オクタヴィアヌス（在位BC二七～AD一四）のこと。イエスの時代、地中海世界はローマ帝政期の初期の時代を迎えた。パレスチナもローマ帝国の属州とされた。皇帝が帝国全域に「住民登録」を命じたのは、住民からの税収の確立をはかるためで、帝国内の全住民はそれぞれ故郷に戻って「住民登録」をしなければならなかった。

(7) **「飼い葉桶に寝かせた」** この記述から、イエスは「馬小屋」で生まれたという伝承がおこり、「クリスマス」

のイメージの一つとして定着して、その後のキリスト教圏における美術のテーマとなった。しかしイエスの時代、「馬」といえば軍馬なのであって、庶民の多くは「ロバ」を生活手段として家屋の一角に飼っていた。冬場には同じ屋根の下にいる羊や牛やロバなどの家畜は、暖房の一助にもなった。マリアは産気づいていたため、住民登録で地元に戻ってきた人々でごった返していた宿屋から断わられたのであろう。そのため近くの農家に身を寄せて、家畜のいる家屋の一角でイエスを出産したというのが事実に近いと言える。

(8) **天使**　紀元前のオリエント世界における神話の世界では、天上界を構成するものとして「天使（神の使い）」という霊的存在の観念が広くゆきわたっていた。ユダヤ教では、神と人間を仲介する存在と理解された。旧約聖書ではBC六世紀の「バビロニア捕囚期」以後、天使についての関心が深まり、それを受けて新約聖書の「天使観」は、当時のユダヤ教思想のそれを反映している。「クリスマス」の意義を暗示する『ルカ福音書』の「天使」や「天使に加わった天の大軍」の記述は、当時の宇宙観をフルに用いた壮大な喜びの表現と言えよう。

(9) **「クリスマス」という言葉**　「クリスマス」という言葉は、すっかり日本語になって定着している。イエスの誕生を祝う「クリスマス」は、元来ラテン語の「キリストのミサ／Christi missa」に由来する言葉である。四世紀頃からローマ帝国領内に侵入し始めたゲルマン民族は、次第にキリスト教化され、イエス・キリストの誕生を祝うようになった。その際、彼らはキリスト信者たちが盛大なミサをもってイエスの降誕を祝っていたのを見て、「キリストの誕生の祝い」そのものを「キリストのミサ」と呼ぶようになったと言われる。

③ＩＨＳ

イエスはギリシャ語で「イエスース」と発音され[ΙΗΣΟΥΣ]と表記された。この語の最初の三文字をローマ字に置きかえると「ＩＨＳ」となる。迫害時代にイエスをこのイニシャルで表したが、その後キリスト教世界で定着した。

第三章

イエスの教えと行動

第一節　イエスの宣教のはじめ

1　洗礼者ヨハネの登場―イエスの道を開いた人

これまで見てきたように、当時のユダヤ教社会では神への信仰はすっかり形がい化していました。そんな中で信仰の刷新運動を起こした人物が現れます。彼の名はヨハネと言いました。岩砂漠の中で修行者として生きていた彼は、イスラエル社会の支配層から庶民にいたるまで、彼らの形がい化していた信仰の在りようを歯に衣を着せず、厳しく糾弾し、人々の心を揺さぶっていました。人々の尊敬を集めていた彼は、心を入れ替えて神に立ち返るしるしとして、ヨルダン川で全身を水に浸す浄めの儀式（沐浴《もくよく》）を行っていたため、人々から「洗礼者ヨハネ」と呼ばれていました。

2　イエスの洗礼

敬虔なユダヤ教徒だったイエスもまた、洗礼者ヨハネの信仰を刷新する運動に賛同し、彼から洗礼[1]を受けたと福音書は記しています。ここでは『マルコ福音書』の記述を読んでみましょう。

「水の中から上がるとすぐ、天が裂けて〝霊〟が鳩のようにご自分にくだってくるのをご覧になった。すると、『あなたは私の愛する子、私の心に適う者』という声が、天から聞こえた」（1・10〜11）

と記されています。これは、きっとイエスの宣教活動の発端となる深い宗教体験と使命の自覚を物語っているのでしょう。

3　聖書における「霊」とは

ここで一つ大切なことを確認しておかなければなりません。それは先のイエスの洗礼の場面で登場してきた「霊」という言葉が何を意味しているのかということです。聖書には「霊」という言葉がしきりに出てきますが、それを正確に理解しておく必要があります。

明治初期に精力的になされた聖書の翻訳作業で、「霊」[2]という漢字に置きかえられた言葉は、イスラエル民族のヘブライ語では、「ルアーハ」で、後にギリシャ語に訳されたときには「プネウマ」[3]の語がそれにあてられました。ともに「息吹き」や「風」を意味しています。

洋の東西を問わず、古代人は全能の神が万物にいのちを与える働きかけを「息吹く、息を吹きかける」というイメージで表していました。聖書を生み出した民もまた「ルアーハ／息吹き」という言葉で、神の目に見えないひそやかな働きを生きいきと表現する伝統をもっていました。例えば『ヨハネ福音書』は、

「風（プネウマ）は思いのままに吹く。あなたはその音を聞いても、それがどこから来て、どこへ行くかを知らない。霊（プネウマ）から生まれた者も皆そのとおりである」（3・8）

と述べて、神の息吹き（プネウマ）が人間の思いや考えをはるかに超えて自由闊達に働くことを示しています。[4]

この考え方を踏まえて聖書の世界では、神がある人に特別の使命を与えるために、その人に息を吹きかけられると、その人は特別の力を帯びて行動すると信じられていたのです。

コラム6 日本語の「霊」について

今日わたしたちの日本では「霊」という言葉にはあまりいい印象がありません。残念なことに、わたしたちの社会に大きな衝撃と恐怖を与えた「オウム真理教事件」(一九九五年)以来、宗教への不信感が大変強くなってしまいました。その上、多くの新宗教団体や巷の占い師たちが、「霊」という言葉を用いて人々に恐れの感情をかき立てている現実があります。「背後霊に憑かれている」と言われれば誰だっていい気持ちがしません。霊界、霊視、霊能、除霊、浄霊、浮遊霊、背後霊など、このような言葉を巧みにあやつって不安をあおり、金をまきあげる怪しげな人々が堂々と「宗教家」を名乗っているわたしたちの社会です。

さらに、日本の宗教文化には「霊」におののく「怨霊信仰」の根強い伝統があります。しかし、キリスト教信仰においては、わたしたちの「いのち」は死後、神の愛の中で清められ、神と共に在るため「怨霊」とはなり得ないのです。

いずれにせよ、今日のハイテク社会を生きる人々が、「霊」をめぐる混乱したイメージに幾重にも取り囲まれ、意識しようとしまいと、何らかの影響を受けているというのは大変興味深いことではないでしょうか。

こうしたことを考えると、聖書の「霊」を新宗教で言われる守護霊とか、霊界の動きと混同してはなりません。残念なことに本来「息吹き」とすべきでしょうが、どういう訳か今日まで日本語訳の聖書では「霊」と訳されてそれが伝統となっています。

さて、『マルコ福音書』は洗礼者ヨハネがヘロデ・アンティパス[5]に捕らえられた後、イエスが故郷のガリラヤへ行き、宣教活動を始めたと記しています。そのときの第一声は「時は満ち、神の国は近づいた。悔い改めて福音を信じなさい」（1・15）でした。AD二七年頃のことです。ここで注目したいことは、イエスが「神の国」が近づいたことを喜ばしい便り（＝福音）と言っていることです。そこでまず、イエスの言う「神の国」とは何を意味しているのか、それが「近づいた」とはどのようなことなのか――このことを考えてみましょう。

5　「神の国」とは

今日のわたしたちにとって「国」と言えば主権、在民、領土を兼ね備えた「国家」のことを連想します。しかし、「国」と訳された聖書の言葉は「バシレイア／βασιλεια」で、それは「王であること、王位、王の統治や支配」を意味します。ですから「神の国」と訳された言葉の本来の意味は、「神が王として統治する出来事」「神の王権支配」のことです。つまり、イエスは当時の社会にあって、ローマ帝国のように（またヘロデのように）暴力的な権力を振るう王として自分が支配するのではなく、神ご自身が統治するときが遂に「近づいた」と宣言したのでした。

先にイエス以前の旧約時代には、多くの預言者たちが活躍したと述べました。イザヤに代表されるように「神が王としてイスラエルの民を治める」という理想は、子々孫々受けつがれてきたイスラエル民族の長年の願望でした。それを受けて、今やイエスはそれが「近づいた」と宣言し、まさにこのことは「喜ばしいメッセージ（福音）だ」と告げるのです。

確かに「王の支配」を「国」のイメージで示される例も聖書には少なくありません。それは「神が王として治める領域」をあらわそうとするからでありましょう。ただここで注意したいことは、「神の国が近づいた」とイエスが宣言するからといって、当時のローマ帝国に対抗するような新しい「地上の国」を樹立するということではありませんでした。しかし、早くも誤解が生じてイエス殺害の動きが始まることになります。（このことについては、後にあらためて触れましょう。）

理解を深めるために

「天の国」について

『マタイ福音書』では「神の国」というイエスの言葉を、わざわざ「天の国」と言い換えています。ユダヤ人にとって「天」とは「神」を指す言葉であったため、「天の国」とは「神の国」の言い換えでしかありません。「王である天（＝神）がなさる統治」という意味です。

ちなみに、中国語ではこれは「天国」と訳されました。それが日本に入って来ると、浄土仏教（南無阿弥陀仏の信仰）の極楽浄土と混同されて、「天国に行く」「天国に入る」というふうに、来世の幸福な場所を指すことになってしまったのです。しかし、イエスが言う「天の国（神の国）」とは、いわゆる死後の「天国」を意味するのではありません。

6　「神の国は近づいた」の時代背景をまとめてみると

「時は満ち、神の国は近づいた。悔い改めて福音を信じなさい」というのが、イエスの宣教開始の第一声でした。では、イエスのこの呼びかけが意味することはどういうことだったのでしょうか。以下、このイエスの呼びかけの時代背景、そしてこの呼びかけに込められたイエスの真意について考えます。

前節の「イエスの時代」では、イエスが生きた当時のイスラエル社会について触れました。それをもう一度まとめてみます。

(1)イスラエル民族とその社会は、強大な力を持ったローマ帝国の支配下に置かれ、人々は重税にあえいでいた。さらにガリラヤ地方を含む北部では、ヘロデ・アンティパスの専制政治に苦しめられていた。

(2)ユダヤ人社会の内部では、エルサレムの神殿を拠点とする神殿政治が一方にあり、他方では律法が人々の生活を厳しく規制していた。

(3)イスラエルの民衆は、物質的にも宗教的にも抑圧されて苦しみ、さらに社会の底辺をなしていた貧しい人々は「地の塵の民」「罪びと」とさげすまれ、神からも見離された存在と見なされていた。

7　人々の驚きと反応

こうした当時の社会的現実のただ中で、イエスは「時は満ち、神の国は近づいた」と声を上げます。メシア（救世主）の到来を待ちわびていた当時の圧倒的多数の人々にとって、まさに突然耳に響いた驚きの言葉でした。あたかも闇に一条の光が射した思いで、人々は群れをなしてイエスのもとに駆けつけ、その言葉に耳を傾け始めます。「神の国の到来」すなわち、「神が王として治める」と聞けば、人々は当然イエスが新しい支配体制を樹立して、自分たちのさまざまな困窮を打ち砕いてくれるものと考えたのも無理からぬことです。しかし、イエスの周りに群がった人々は、自分たちが期待したのとはずいぶん異なったことを見聞きしたのでした。

まとめ

■イエスは、当時形がい化していたユダヤ教の刷新を叫んでいた洗礼者ヨハネから、洗礼（浄めの沐浴）を受け、神の「霊／息吹き」に満たされて自分の使命を強く自覚した。

■「時は満ち、神の国は近づいた。悔い改めて福音を信じなさい」という呼びかけをもってイエスは宣教活動を始めた。

■「神の国」とは、「神が王として治める」ことを意味したが、支配者たちも圧政に苦しむ人々も、イエスが新しい王国を目指すものと誤解した。

考えるヒント

■この節を読んで印象に残ったことはどのようなことですか。

■あなたは「霊」という言葉からどんなことを連想しますか。

■イエスが福音（素晴らしいメッセージ）として「神の国／支配」の到来を告げたとありますが、今のあなたは「福音」という言葉にどんなことを期待しますか。

注

（1）**洗礼**　日本語で「洗礼」と訳された言葉は聖書の原語であるギリシャ語では「バプテスマ／βάπτισμα」で、動詞「バプテゾー／βαπτίζω（浸す、沈める）」の名詞形である。聖書の世界ではこの言葉をもって「洗い清める」というよりもことごとく水に沈めて、いわば死の危険にさらす危うさを暗示しようとする。このように水に浸すことによって悪しきものを「死なせ（終らせ）」新しいいのちに立ち上がることを「バプテスマ」の言葉に託したのである。

（2）**漢字の「霊」の意味**　漢字の「霊」の旧体は「靈」である。「雨」と「品」と「巫」が合わさった文字で「雨乞いの儀式」を記号化したもの。神に仕える者（巫）が、お供え物（品）をそなえて、雨乞いをしている様子を表したのが「靈」という文字の元来の意味だった。ところがこの文字は、雨乞いの儀礼以外にも用いられるようになり、広く神的な力が降されることを願うことを意味した。そのため「靈」の文字は、超越的な存在（例えば神など）とか、神的な次元をも意味するようになった（白川静『常用字解』参照）。日本では「霊」は超自然的な世界や、現世を超えた実体的な存在を指している。霊界、霊魂、霊的、霊性、先祖の霊、怨霊など。

（3）**「ルアーハ」と「プネウマ」について**　「霊」と訳された聖書の「ルアーハ」（ヘブライ語）、「プネウマ」（ギリシャ語）は、共に「風」や「息吹き」を原義とする。古代人にとって、特に「息吹き」は生命力のあらわれであり、生きている証しだった。聖書の世界では「いのち」の根源は神にのみあると考えられ、いのちを与えて生かす神の根本的働きは「息吹き」のイメージで語られた。興味深いことに、古代インド語の「プラーナ」、ラテン語の「スピリトゥス」もまた「息吹き」に由来する。中国や日本での「気」の考えもこの系統にあると言えよう。しかし、漢字の「霊」という文字には「息吹き」という意味もイメージもない。

（4）**『ヨハネ福音書』のプネウマ**　『新共同訳聖書』では、原文の「プネウマ」を「風」と「霊」に別々に訳しているが、本来は同じ「プネウマ」である。「人間の考えをはるかに超える神の自由闊達な息吹き（プネウマ）に活かされる者は、あらゆる捕われから自由にされ、のびのびと生きることになる」ということを述べている。このイエスの言葉は、厳格な律法主義者（ファリサイ派）の重鎮だったニコデモに向けられたものである。

（5）**ヘロデ**　ヘロデ・アンティパス（BC四～AD三九）のこと。ヘロデ大王の息子でイエスの時代、父親のあとを継いでガリラヤとペレア地方を統治した。イエスの時代のパレスチナでは、ヘロデ大王の統治の影響が依然と強かった。

第二節　イエスが伝える福音のイメージ

1　イエスは「神の国の到来」をどんなイメージで伝えたか

イエスは色々なたとえをもって「神の国の到来」の福音を伝えました（五七頁コラム7）。その場合、どのようなイメージをもって語ったのか、このことを考えてみたいと思います。以下、理解をより深めていくために「神の国」よりも、先に触れたように「（王としての）神の支配」という言葉をもって話を進めていきましょう。[1]

(1)　イエスは「神の支配」を「隠された宝」とたとえます。

「天の国（神の国）は次のようにたとえられる。畑に宝が隠されている。見つけた人は、そのまま隠しておき、喜びながら帰り、持ち物をすっかり売り払って、その畑を買う。」（マタイ13・44）。

シメタ！　すごい宝を見つけたぞ！　さっそく独り占めにしてしまおう。ワクワクしながら発見者はお目当ての物を手に入れるために、間髪入れず行動に移します。イエスはこんなふうに語りながら、「神の支配にあずかる」ということは、きわめて素晴らしく喜ばしいことなのだ、と訴えるのです。

(2)　イエスは「神の支配」を「成長していく出来事」と教えます。

「天の国（神の国）はからし種に似ている。人がこれを取って畑に蒔けば、どんな種よりも小さいのに、成長するとどの野菜よりも大きくなり、空の鳥が来て枝に巣を作るほどの木になる。（中略）天の国はパン種に似ている。女がこれを取って三サトンの粉に混ぜると、やがて全体が膨れる。」（マタイ13・31〜33）。

ごく小さな種が大きな木に成長する驚き、ほんのわずかなイースト菌がねり粉全体を大きく膨らませて芳醇なパンになるという素朴な驚き――これらのイメージを用いながら、イエスは「神の支配」は、成長する力を秘めた出来事だと言うのです。

(3)　イエスはさらに「種まく人」のたとえをもって、「神の支配」の福音に対する各自の姿勢はそれぞれだと言います。

「種を蒔く人が種蒔きに出て行った。蒔いている間に、ある種は道端に落ち、鳥が来て食べてしまった。しかし、ほかの種は、石だらけで土の少ない所に落ち、そこは土が浅いのですぐ芽を出した。しかし、日が昇ると焼けて、根がないために枯れてしまった。ほかの種は茨の間に落ち、茨が伸びてそれをふさいでしまった。ところが、ほかの種は、良い土地に落ち、実を結んで、あるものは百倍、あるものは六十倍、あるものは三十倍にもなった。耳のある者は聞きなさい。」（マタイ13・3〜9）。

イエスはこのたとえをもって、「神の支配の到来」の福音を各自がどのように自分の問題として受け止めるか、ここが大事だと訴え考えさせるのです。「耳のある者は聞きなさい。」――少々突き放した言い方ですが、それだけに、イエスの真剣さが感じられます。

2　「神の支配／国」はかかわりの中に

イエスはまた「神の支配」は見えるようなモノでも何がしかの体制のようなものでもないと断言します。

「ファリサイ派の人々が、(2) 神の国はいつ来るのかと尋ねたので、イエスは答えて言われた。『神の国は、見える形では来ない。ここにある、あそこにある、と言えるものでもない。実に、神の国はあなたたちの間にあるのだ。』」（ルカ17・20〜21）

この記述から、ファリサイ派の人々がイエスの「神の支配の到来」の教えを耳にして、地上における国家の樹立と誤解していたことがうかがえます。しかし、イエスはきっぱりとそれを否定し、「実に、神の国はあなたたちの間にあるのだ」と断言するのです。

「あなたたちの間に」と訳された部分は、聖書の原文では「あなたたちのただ中に」ということで、ファリサイ派の人々が（そして当時の人々が）考えたような「目に見える国」のようなものではないと、イエスは言うのです。「ただ中」といっても、それは単なる倫理観のようなものではありません。わたしたちが置かれている互いのかかわりにおいてこそ「神の支配」という出来事が起こるというのです。

3　子どものように素直な心をもって受け入れる

イエスは断言します。

「はっきり言っておく。子どものように神の国を受け入れる人でなければ、決してそこに入ることはできない。」（マルコ10・15）

子どものように神の国を受け入れるとは、何よりもまず自分の無力さを深く実感しているゆえに、神にのみ頼ろうとする姿勢のことです。「神の国に入る」とは、神の支配（働きかけ）に身をゆだね、神の言葉（想い）に従って生きることです。このことを強く印象づけるために、イエスは、地上の富に執着する者は「神の国」にふさわしくないと言います。

「はっきり言っておく。金持ちが天の国に入るのは難しい。重ねて言うが、金持ちが神の国に入るよりも、らくだが針の穴を通る方がまだ易しい。」（マタイ19・24）。

「らくだと針で開けた小さな穴」というコントラストをもって語るこの印象的な言葉は、貧しい人がただ貧乏であるというだけで「神の国／天の国」に入れる、ということを言っているのではありません。地上の富に執着しているかぎり「神の国」のメッセージに耳を傾けることも、せっかくの恵みに気づくこともないという警告でありましょう。

こうした激しい言葉づかいには、「神の支配の到来」を福音（喜ばしいおとずれ）として告げるイエスの意気込みが感じられます。

コラム7　「神の国の秘密」

「共観福音書[3]」と呼ばれるマタイ、マルコ、ルカの各福音書は、ともにイエスが「神の国の秘密」という言葉を使ったと記しています。

「あなたがたには神の国の秘密が打ち明けられているが、外の人々には、すべてがたとえで示される。」（マルコ4・11、マタイ13・11、ルカ8・10）

ここでの「あなたがた」とは、イエスが呼び集めた一二人の弟子たちのことです。また「神の支配（天の国）の秘密」の「秘密」とは、聖書の原文では「ミュステーリオン／μυστήριον」で、それは「人知を超えた奥義」「つかみ難い神の計画」を意味している言葉です。

宣教活動の中盤にさしかかる頃、右に引用したように、イエスは弟子たちに向かって「あなたがたにはこの奥義（神のご計画）を打ち明けたけれど、人々にはまだ理解できないので『たとえ』で話すのだ」と語ったのでした。とすると、イエスが告げる「神の支配の到来」の呼びかけとは、単なる立派な教えとか元気をもたらす感動的なメッセージなのではなく、「奥義」としか言いようのないはかり難い「神の働きかけ」を指しているようです。それがいったい何であるのか、わたしたちはさらにイエス自身の行動を見ていかなければなりません。

まとめ

■「神の支配／国」は、地上のどんな富よりもすばらしい宝であるから、それを見つけたならばすぐに行動しなければならないとイエスは強調する。

■「神の支配」は、人間の計らいを超えた「生成する力」で、予想もしない大きな実りをもたらす恵みであるとイエスは訴える。さらに、この恵みに対して各自はどう対処するかが問われている。幼子のような素直さ、恵みに応えようとする誠実さが要求される。

■「神の支配」は、目に見える国とか制度のようなものではなく、わたしたち相互のかかわり合いのただ中に実現していく神的な出来事である。

考えるヒント

■この節を読んで印象に残ったことがありますか。

■「神の国」という言葉を耳にすると、あなたはどんなことを連想しますか。

■わたしたちの国の歴史を振り返ると「仏国土」とか「神国日本」などのスローガンが人々の心や生活を左右したことがあります。また、今日でも新宗教のあるものは「地上の天国」の実現をスローガンとしてかかげていますが、あなたはこれについて、どのように考えますか。

■「神の支配の到来」についてイエスが示すイメージをどのように受けとめますか。

注

(1) **神の国**　イエスの伝えた「神の国が近づいた」という告知は、旧約世界の「神の王的統治」という考えを前提としている。すなわち、天地万物の創造主である神こそがすべてを支配しているのであって、人間が権力をもって支配することは相対的なことでしかないという信仰である。こうした考えは人間でしかない権力者がもたらす現実の社会的混乱や不正は、いつか正されるという待望をイスラエルの民にもたらした。イエスの宣教はこのような考え方を前提としたものである。人々に向けられたイエスの言葉と行動は、差別や搾取のない喜びに満ちた人間の在りようを先取りするものであった。そこから「神の国／神の統治の到来」を喜ばしいたよりとしたイエスの真意を垣間見ることができる。

日本語で「神の国」と訳された「バシレイア　トゥ　セウ／βασιλεία τοῦ θεοῦ」は、聖書の世界では「神の支配、神の統治とその恵みが及ぶ領域」を意味する。イエスがそれを「福音」としたのは、彼が示した「神の愛とゆるし」こそ今・ここで「身近に実感される恵み」であると自覚していたからである。事実、イエスはすべてをかけて「神の国の到来の福音」を「愛とゆるし」をもって人々に体験させていった。

日本語で「バシレイア」を「国」と訳してしまうと「国家」のイメージとなってしまい、「(神の) 支配」と言われれば上からの抑圧とイメージされてしまって良い印象をもたらさない。なかなか厄介な用語である。その点『ヨハネ福音書』10・1～18に記された「良い羊飼い」のたとえは「バシレイア」の意味合いを理解するためにきわめて有効な切り口となろう。羊飼いが慈しみを込めて羊を「牧する」ことこそ、王としての統治の根本なのである。

(2) **ファリサイ派の人々**　BC二世紀頃、イスラエル民族のハスモン王朝時代に生まれたユダヤ教の一派。当時の世俗化にともなう信仰の衰微を危惧して、「モーセの律法」を厳格に守ることを主張し、それを実行した人々を指す。律法の遵守から離れて軟弱になってしまった人々に対して、自分たちを彼らから「分離した者／ペルシーム（ヘブライ語）」と呼んだのが「ファリサイ派」の呼び名の起こりである。しかし、正しく生きようとするこの情熱的な運動は、次第に形がい化し「戒律至上主義」に走って愛を忘れたため、イエスから厳しく非難されることになる（マタイ23・1〜36）。（四二頁注2参照）

（3）

「共観福音書」 新約聖書の中には四つの福音書が収められている。その中の三つ、『マタイによる福音書』、『マルコによる福音書』、『ルカによる福音書』のそれぞれには多くの共通点がみられる。そのため、共通した視点からイエスの言動を編纂したということで、「共観福音書」と呼ばれている。マタイ、マルコ、ルカというのは人名で、それぞれ自分が所属する信仰共同体（教会）の時代背景や社会的特徴を踏まえながら、方々に散在していたイエスの伝承を集めて編纂し、イエスを紹介する書を書き上げた。そのため『マタイによる福音書』、『マルコによる福音書』、『ルカによる福音書』と呼ばれる。

④東方教会の「十字架」のしるし

ローマ・ラテン教会の十字架は横木が一つであるが、東方教会の十字架には三つの横木がある。一番上は「イエスの罪状（ＩＮＲＩ）*」、真ん中はいわゆる十字架の横木、斜めの一番下は足台で、これはイエスと同時に処刑された二人の盗賊の行先を暗示している。上がった方は天国を指して回心した男の救いを、下がっている方は地獄を指していてイエスを呪いつづけた男の滅びをあらわしている。* 本書 142 頁参照

第三節　イエスの行動とさまざまのエピソード

1　福音を説いて廻るイエス

「神の支配の到来」を告げたイエスは、早いうちにペトロを頭とする一二人の弟子たちを呼び集め、寝食を共にしながら宣教活動に専念します。福音書が「食事をする暇さえなかった」（マルコ6・31）と記すほど、その活動は多忙をきわめたものでした。

イエスは福音[1]を説きながら独自のわざを行う、という独特のスタイルをもってパレスチナ各地の町や村を弟子たちと共に旅をしたのでした。弟子たちはイエスを師と仰ぎ、良きおとずれ（福音）の豊かなメッセージを直接耳にし、その行動やそれが引き起こす数々のエピソードをそば近くから目撃していきます。後にそれは、『福音書』という形でまとめられていくことになります。

2　イエスの行動の特徴である「病気の癒し」

「福音書」をひもとくと、そこにはイエスの行動とイエスをめぐるたくさんのエピソードがつづられています。中でもイエスの行動の大きな特徴として「病気の治癒」が目につきます。例えば『マルコ福音書』はこう記しています。

「イエスは、いろいろな病気にかかっている大勢の人たちをいやし、また、多くの悪霊を追い出して、悪霊にものを言うことをお許しにならなかった。悪霊はイエスを知っていたからである。」（1・34）

3 「悪霊」と「病い」

「悪霊」というと、何を連想するでしょうか。科学が華々しく進歩し、特に医療分野でその恩恵をふんだんに受けているわたしたち現代人には、イエスの時代や過去の日本における「病い」についての考えやイメージを理解することがずいぶん難しくなってしまいました。

イエスの時代、病気や災害などの不幸は、悪霊や汚れた霊のしわざと考えられていました。こうした考え方は、「因果応報」の考えと並んで、人類社会に広く見られる現象で、当時のイスラエル社会に限ったことではありません。

先に「霊」と訳された「プネウマ／息吹き」について触れましたが、この言葉には、人間の奥深いところに働きかけてくるとらえがたい力を、「風」や「息吹き」のイメージをもって表そうとする古代の人々の思いがあります。聖書の民にとって、まさに「神の息吹き」とは人を生かし、真善美へと駆り立てるひそやかな力なのです。

ところが興味深いことに、「聖書」の民はこの「息吹き」という言葉を用いて人間を苦しめる、得体のしれない気味の悪い力をも表現しようとしたのです。「汚れた霊／プネウマ・アカサルトン」という言葉がそれです。「アカサルトン」とは「不潔な、不浄の」を意味し、まさに病気や心身の障害は「不潔な得体の知れない力」が体内に侵入したせいだと理解したのでした。そのため、病気の治癒は、その人に憑《と》りついた「悪霊」や「汚れた霊」を追い出すことによってなされると考えられていたのです。[2]

4 「病い」は罰？

病気は「汚れた霊」に憑りつかれた結果という考え方は、さらに「罪の罰」と結びついていました。因果応報の考え方です。『ヨハネ福音書』には次のような記述があります。

「さて、イエスは通りすがりに、生まれつき目の見えない人を見かけられた。弟子たちがイエスに尋ねた。『ラビ、この人が生まれつき目が見えないのは、だれが罪を犯したからですか。本人ですか。それとも、両親ですか。』」（９・１～２）

明らかに弟子たちの脳裏には「因果応報」の考えがあります。しかし、イエスはこれをきっぱりと否定し「本人が罪を犯したからでも、両親が罪を犯したからでもない。神の業《わざ》がこの人に現れるためである。」（９・３）と言って、この男の不幸な現実を、神の救いの恵みが実現する契機としてしまいます。

▼『ヨハネ福音書』9・1~39を読んでみましょう。

5　「病気は罪の罰」をイエスは退ける

イエスの時代、病気の苦しみやさまざまの不幸を抱えて生きる人々は、「罪の罰」を受けた不浄な者とみなされてうとまれ、時には生きる希望を見出せないほどの悲惨な状態へと追いやられていました。そうした人々に、イエスは神の慈しみに信頼して生きることを訴えながら、力強く働きかけたのです。その一つの感動的な例を『マルコ福音書』から紹介します。

▼『マルコ福音書』2・1~12を読んでみましょう。

今、読んだ『マルコ福音書』からの引用について、考えをすすめてみましょう。

律法を遵守しない罰として悪霊が憑《と》りつき、病いにかかる――それは「罪を犯した結果だ」[3]と考えられていました。しかし今、仲間たちによって強引に目の前に運び込まれた病気に苦しむ男にイエスは、「子よ、あなたの罪は赦される」と宣言します。

これを聞いて律法学者たち[4]は「罪を赦すのは神だけである。こんな言葉を口にするのは神への冒涜でしかない」といぶかしがります。しかしイエスは「人の子[5]が地上で罪を赦す権威を持っていることを知らせよう」と言って、病気の男に「わたしはあなたに言う。起き上がり、床を担いで家に帰りなさい」と命じたのでした。

イエスのこの断固とした態度には、「病い」即「罪の罰」という人々を苦しめていた呪縛を粉砕しようとする強い意志がみなぎっています。ここでは病人の罪が何であったのかは何も記されていません。しかし、「罪」でもないことを罪と思い込み、自分の病いはその結果なのだと考え、そのために神への不信をつのらせ、救いの希望を諦めてしまう——このような幾重にもかさなる苦しみと迷いの呪縛から、この男を解き放とうとして、イエスは「あなたの罪は赦される」と声をかけたのでした。

他方、イエスの目から見れば、律法学者たち、つまり自分たちは聖書に精通し、神のみ心を知り尽くしていると思い上がり、「病いは罪の罰」と人々に教え込んでいた彼らの方が、よっぽど罪深かったに違いありません。イエスは彼らをとがめて言います。

「もし、『(神である)わたしが求めるのは憐れみであって、いけにえではない』という言葉の意味を知っていれば、あなたたちは罪もない人たちをとがめなかったであろう。」(マタイ12・7)

6　イエスがもたらす救い

「『あなたの罪は赦される』と言うのと、『起きて、床を担いで歩け』と言うのと、どちらが易しいか。」イエスにとってこの二つのことは同じことでした。そして、病気のため働くこともできず、罪の烙印を押されて神にも見捨てられたと絶望していたこの男が、今イエスの言葉を信じて立ち上がり、床を担いで自分の足で歩いて皆の見ている前を出て行った、と『マルコ福音書』は記します。一部始終を目撃していた人々は、非常に驚いて感嘆し、神を賛美したのでした。

イエスの告げる「神の支配／神の働きかけ」は、このような病いの癒し（＝悪霊の追放）によって、苦しむ人々の中で展開していったのでした。

しかし、ここで注目しなければならないことがあります。それはイエスの「病いの癒し」が単なる人道的な行いなのではなく、「罪のゆるし」の宣言に見られるように、すべての人を心に留め、その幸せを望んでおられる神の慈しみの証しだったということです。それは、いのちを委縮させる恐れやとらわれから解き放つことであり、また、神の名を使って人々を苦しめるゆがんだ宗教権力に逆らうことでもありました。当時のイスラエル社会を覆っていた「律法主義」との壮絶な闘いは、イエスの宣教活動の大きな特徴の一つとさえ言えるほどです。

なおイエスの律法主義との闘いについては、次のような聖書の箇所を参照してください。

- マルコ2・18〜22　「断食についての問答」
- マルコ7・1〜16　「昔の人の言い伝え」
- ルカ6・1〜5　「安息日に麦の穂をつむ」
- ルカ11・37〜54　「ファリサイ派の人々と律法学者への非難」
- ルカ13・10〜17　「安息日に腰の曲がった婦人をいやす」

7　あなたの信仰があなたを救った

数あるイエスの病いの治癒（＝悪霊の追放）の物語のなかで、次の記述もまた印象深いものです。イエスが群衆にもみくちゃにされる中で起こったある出来事をマルコは記しています。

▼『マルコ福音書』5・25〜34を読んでみましょう。

この記述の中でまず印象的なのは、イエスが自分に触れた病気の女をしつこく探したことです。「群衆があなたに押し迫っているのがお分かりでしょう。それなのに、『だれがわたしに触れたのか』とおっしゃるのですか」と不満げに応える弟子たちを尻目に、イエスは周囲を見回し女を探し続けます。なぜ、イエスはそんなことをしたのでしょうか。

イエスのこの態度には、ご自分のなさる病いの治癒のわざをただ「治癒」だけで終らせたくない意図がうかがわれます。長年、重い病いに苦しめられてきたこの女は、まさにワラにもすがる思いで、群衆にもまれながら必死になってイエスの服に触れ、ついに治ったと感じたのでした。

しかしもしこれだけならば、女の願望がかなえられただけのことで、いわゆる現世御利益で終ってしまうだけです。イエスにとって病いを治すことは、神の慈しみの中で生きること（＝神の支配の到来）のしるしであり、それを体得させる手段でしかありませんでした。病いや苦しみから解き放つと同時に、もっと大きなことで満たされ、感謝のうちに自信をもってしっかりと生きるようになること、イエスの願いはむしろここにあったのです。

ところで癒された女は、自分がとんでもないことをしてしまったと思い、怖《お》じ恐れてイエスの前にひれ伏し、自分の身に起こったことをありのままに語ったのでした。しかし、思いもかけない言葉が自分に向けられたのです。

「娘よ、あなたの信仰があなたを救った。安心して行きなさい。もうその病気にかからず、元気に暮らしなさい。」（マルコ5・34）

イエスは、まさにこの言葉をかけたくてこの女を探したのでした。「あなたのひたむきな私（イエス）に対する信頼が、あなたを病いの苦しみとそれにともなうさまざまの迷いや混乱から、あなたを救い出した。さあ、安心して行きなさい。」自分をこんなにまで信頼してくれたその心を人々の前で称賛し、女を自分の願望を満たすだけの心の狭さから解き放って新たな歩みへと送り出します。イエス自身と人格的に出会わせ、それをもって神への信仰を自信をもって生きるように後押ししたのでした。「神の国」の福音がまさにこの女に成就した瞬間です。

8　信仰を呼び起こす

「あなたの信仰があなたを救った。」イエスは、しばしばこの祝福の言葉をもって「神の支配（神の働きかけ）」の福音が、それを受け入れる人に成就し、生きる力になることを喜びのうちに確証したのでした。

「神の支配の到来」を告げる福音と一体をなすイエスの治癒行為の数々は、「不思議なこと（奇跡）」を行うイエスという評判となって、またたく間に人々に広がっていきます。しかし、イエスにとって自分が行うわざは人々に「信仰」を呼び起こす手段にしかすぎなかったのです。

ところで、「信仰」と訳される聖書本来の言葉は「ピスティス／πίστις」で、全面的に信頼することと、自分自身を相手にゆだねることを意味します。それは、古い日本語の「たのむ／頼む」に相当します。「弥陀をたのむ」と言われるように、自分の力を全く当てにすることなく、ひたすら阿弥陀如来に自分をゆだねることは、浄土仏教信仰の根本をなしています。

理解を深めるために

信仰と迷信は別

しばしば「信仰」と「迷信」が混同され「信仰」の価値さえ無意味だと主張されることがあります。合理的であること、科学的であることこそが絶対的なのであって「信仰」や宗教の世界は実証できない以上、意味がないというのです。でもこのような立場もまた一つの信仰であると言わなければなりません。なぜならば、理性を絶対視し、目に見えて数値に表せる世界だけがすべてと「信じている」からです。しかし、わたしたちの日々の生活は数値に表せないことで満ちていることも事実です。平和、幸せ、相互の信頼、愛情、希望、真・善・美、祈りなどは「信じるにあたいする価値」として、わたしたちはそれらを信じて受け入れ、生活の基盤としています。人間のこの根本的事実を「合理的でないから、科学の対象とならないから」という理由で否定することはできません。わたしたちがここで問題にしている「信仰」とは、このような人間の根本的な「いのちの姿」、「いのちの磁場（言うなれば根源的な信仰）」とつながっており、それを土台にしている問題なのです。

一方、「信仰」と混同される「迷信」ということについても考えておく必要があります。「迷信とは何か」、さまざまに議論されていますが次の指摘は当を得ていると思います。「その時点における科学の知識がある程度あれば、間違いだということに気づくはずの事を、正しいと思い込むこと。したがって、度が過ぎると生活の秩序を破壊しかねない不健全な俗信」（『新解明国語辞典』三省堂）。日常生活をめぐる迷信にはさまざまなものがありますが、「四は死、六はろくなことなし、十《と》は解けるで忌む」とか「三十三はサンザン、十九は重苦、四十九は死苦として忌む」などは語呂合わせによる禁忌の例です。おそらく「言葉」には「霊力」が宿っているという昔の人の考え方の名残りでありましょう。今日、こんなことをまともに信じる人はほとんどいませんが、しかし、「四」の番号は縁起が悪いという理由で避ける習慣がいまだに残っているのは興味深いことです。このような「迷信」を信じるということと「信仰」をもって生きるということを混同してはなりません。

コラム8　「奇跡」ということ

新約聖書ではしばしばイエスの病気の治癒などの「奇跡」について記されています。それは魔術や医術を顕示することではなく、イエスとイエスが説いた福音そのものの真実性を示すことが狙いで、その目撃者を信仰と悔い改めに促すためです。そのため聖書では単純に「しるし／セメイオン（ギリシャ語）」と記されているだけです。まさに「神の国（支配）」の到来の力強いしるしなのです。イエスはパフォーマンスとしての奇跡をはっきりと退け（マタイ4・1〜11）、また、宣教活動の間、天からのしるしを求め議論をけしかけたファリサイ派の人々にはまったく応じませんでした（マルコ8・11）。そして奇跡の恵みを受けた人々には「誰にも言うな」と厳しく命じたのです。一方、イエスの奇跡を目撃した人々は一様に驚き「このようなことは、今まで見たことがないと言って、神を賛美した」（マルコ2・12）と福音書は記しています。イエスにとって「奇跡」とは神の超越な力を誇示することよりも、人間を救いに導く無限の愛のしるしなのです。

9 「安心して行きなさい。」

「安心して行きなさい。」この励ましの言葉は、聖書の原文では「行きなさい、平和のうちに」です。何という力に満ちた励ましでしょう。

ここで注目したいのは「平安、平和／エイレーネー／εἰρήνη（ヘブライ語のシャローム）」という言葉を使うとき、聖書では単なる心理的な安心感とか平穏無事だけを意味していません。それ以上に「神が与える安らぎ」「神とともにある喜びと動じぬ心」を指しているのです。

「信仰」は、わたしたち人間の努力の結果ではなく「恵み」であるというのが、イエス・キリストに出会った人々の確信でした。それが後にキリスト教における「信仰理解」の基本となります。それは「神の支配」を告げてそれを体得させようとしたイエスにひたむきな信頼を寄せた人々が、神をそば近く感じ、深い「安らぎと平和」を覚えた自分たちの体験は、まさに「恵み」であると確信したからに他なりません。

ちなみに、キリスト信者は互いに「主の平和」という言葉をかけあって挨拶をかわす伝統があり、今日に至っています。

「あなたの信仰があなたを救った。行きなさい、平安のうちに。」イエスの言う「救い」とは、自分の努力の実りではなく、神からの働きかけ（他力）によって迷いと罪の束縛から解き放たれた喜び、神から愛され大切にされている自分を見出した喜びを言うのです。

10 貧しい人々に対する励まし

ところで、イエスが心を砕いたもう一つの問題があります。それは「貧困の問題」です。今日でもそれは、日本においても、人類社会においても「痛み」をともなう重い社会的な問題です。

貧困問題は、あらゆる分野における格差や不条理、差別や不正などの問題が当たり前とみなされてしまう「社会のゆがみ」の結果です。そして、この問題は、生命の脅かし、人間の尊厳や人権の疎外などきわめて広い範囲にまたがる痛ましい連鎖を起します。

イエスの時代、神殿に詣でいけにえを献げることは、ユダヤ教徒として当然の義務とされていました。しかし実際には、エルサレムに神殿詣でを行うための旅費の工面がつかない人々がほとんどでした。また、種々のきびしい戒律（律法）を守りたくとも守れないおびただしい人々がいたのです。

律法遵守と神殿祭儀（いけにえの供養）が、神への信仰の証しと見なされていたこの時代、日々食べていくだけで精いっぱいで、律法を守れない貧しい人々は、「まともでない人々」、「価値のない人々」、「塵の民（アム・ハアーレツ）」と呼ばれさげすまれていました。そのため彼らは、神から見放されその祝福をもはや受けることがないと諦めていたのです。

イエスはそうした人々のただ中に身を置き、彼らに「あなたたちにこそ神がそば近くにいてくださる」と、機会あるごとに語り、希望を持たせたのです。今日、わたしたちがイエスの言葉に「慰め」を見出すのは、彼が立派な倫理や道徳の教えを垂れたからではなく、貧しい人々に寄り添ったイエスの打ち震える愛の心に触れるからではないでしょうか。

『マタイ福音書』は、「（イエスは）群衆が飼い主のいない羊のように弱り果て、打ちひしがれているのを見て、深く憐れまれた。」（9・36）と記しています。

日本語で「憐れまれた」と訳された聖書の原文の言葉は「スプランクニソマイ」で、それは「内臓が打ち震える」を意味します。日本語でも「断腸の思い」という言い方がありますが、この言葉から、イエスが骨の髄までしみわたる激しい感情に震えるほど、生きていくことに疲弊しきった人々の様子に深く悲しみ共感したことが伝わってきます。

11 「心の貧しい人々は、幸いである」―生きる勇気と希望

貧困にあえぎ、社会から爪弾きにされていた人々に生きる勇気と希望を与えたイエスの多くの言葉の中から幾つかを拾ってみます。

⑴「心の貧しい人々は、幸いである。天の国はその人たちのものである。」（マタイ5・3）。

日本語で「心が貧しい」と言えば、「自分のことしか考えないゆがんだ生き方」という意味です。しかし、「心の貧しい人々は、幸いである」と訳された聖書本来の記述は直訳すると、「プネウマ（息吹き）において窮乏している人々は、祝福されている」となります。先に触れたように聖書の世界において「プネウマ」という言葉は、何よりも「生命の源である息」を意味しており、それを与えるのは神ご自身だという考えをイエスは踏まえていました。

イエスは今、当時のユダヤ教社会にあって「神から見放され、神の息吹き（いのち）に窮乏している」と決めつけられたあなたたちこそ、実は神に祝福され受け入れられている。なぜなら、天の国（神の国／神の支配）はあなたたちのためなのだから、と訴えます。貧しさゆえに律法遵守の生き方に応えられず、そのため神の祝福にあずかることなどあり得ないと諦めていた人々にとって、イエスのこの言葉はどれほどの慰めと勇気を与えたことでしょう。

⑵「明日のことまで思い悩むな。明日のことは明日自らが思い悩む。その日の苦労は、その日だけで十分である。」（マタイ6・34）

イエスは、衣食住のために心を煩わせることに埋没してしまう生き方から、天の父なる神に信頼して生きる心の自由をつかむことを訴えました（マタイ6・25～32）。困窮にあえぐ人々にとって、確かに毎日を食いつないでいくことは切実な問題でした。それでもイエ

スは「こころの自由」を失うなと励まし、そしてここに挙げた言葉を述べたのでした。神にことごとく信頼するイエスの根本姿勢がここにあります。

(3)「天地の主であられる父よ、あなたをほめたたえます。これらのことを、賢い者や知恵のある者には隠して、幼子たちに現わしてくださいました。(中略) 疲れた者、重荷を負う者は、だれでもわたしのもとに来なさい。休ませてあげよう。わたしは柔和で謙遜な者だから、わたしの軛を負い、わたしに学びなさい。そうすれば、あなたがたは安らぎを得られる。」(マタイ11・25、28〜29)

　ここでまず、イエスが父なる神を賛美していることに注目したいと思います。すなわち、「これらのこと(＝イエスが伝えた神の支配の到来の福音)」が、自分たちこそが賢い者・知恵ある者と豪語していた律法主義者たちにではなく、彼らから排斥されていた貧しい人々、「幼子」のような心で神を信頼して日々生きるしかない貧しい人々に受け入れられていることを、イエスは手放しで喜んでいるのです。

　その上で「疲れた者、重荷を負う者は、だれでもわたしのもとに来なさい。休ませてあげよう。」と彼らを招きます。「疲れた者、重荷を負う者」とは、当時の息の詰まるような律法主義についていけない人々、差別に追いやられた人々のことです。
詳細な決まり事まできちんと守ろうとする完全主義には、人を優越感に浸らせたり、差別意識をつのらせる罠があります。それだけではありません。もっともっと完璧であろうとする脅迫観念に駆られるあまり、人の心をたえず不安にさせます。イエスはそうした律法主義を揶揄《やゆ》するかのように、「律法」に対抗して「わたしの軛《くびき》(6)」と言うのです。それは父なる神への全幅の信頼と愛、その実りである謙虚な優しさを目指す生き方を暗示しています。

イエスは、神への全幅の信頼と愛にもとづいて生きる「このわたし」は、柔和で謙遜であると言います。そしてこのような優しさを生きる「わたし」に倣うとき、人は怖れや不安から解き放たれ、本当の「安らぎ」を得ることができると、貧しくさげすまれていた人々に呼びかけたのでした。

まとめ

■イエスの「神の国／支配の到来」を告げる宣教活動は、病いに苦しむ人々の治癒ということで始められた。それは「病いは罪の罰」という当時の律法主義との闘いであり、その重圧と差別から人々を解き放つことでもあった。イエスは当時の厳格な律法主義につ いていけず、救いをあきらめていた多くの貧しい人々に、神の祝福を示し、生きる勇気と希望を与えた。

■イエスは病いの癒しを「罪のゆるし」のしるしとして行った。病いの治癒を含むイエスの数々の不思議なわざ（奇跡）は、信仰を呼び起こすためで、癒された人に向かって、しばしば「あなたの信仰があなたを救った。安心して行きなさい。」と祝福の言葉をかけた。

■「信仰」とは、何よりもイエスに全面的に信頼を寄せることによって、イエスにおいて働らかれる神との人格的な出会いに至ることである。また、「救い」とは、神の方から差し出された解放の働きかけ（迷いと罪の束縛からの解放）、またその人のうちに引き起こされる「平安」の恵みである。

考えるヒント

■この節を読んで印象に残ったことはどのようなことですか。
■今日の日本でもなぜ、ある人々は「病気」を罰と考えたり、あるいは、何らかの「悪い霊」のせいだと考えるのでしょうか。
■イエスの当時の「律法主義＝戒律主義」について、あなたはどう思いますか。
■あなたにとって「救い」とは、どんなことですか。「あなたの信仰があなたを救った」というイエスの言葉が、あなたにかけられたとしたら、あなたはどのように感じるでしょうか。
■あなたにとって「信仰」とはどんなことでしょうか。

注

(1) **「福音」**　キリスト教信仰が生まれ、広がっていった当時の地中海世界では、「コイネー」と呼ばれたギリシャ語が広く使われていたため、「新約聖書」もまたギリシャ語で書かれた。「コイネー」と呼ばれたギリシャ語は、ソクラテスなどの古い時代の古典ギリシャ語とは違って大衆化した言語で、当時の地中海世界の共通語の役割を果たしていた。日本語で「福音」と訳された言葉は、「エウアンゲリオン」で、それは「良い知らせ」「福音」を意味する。もともと戦勝などの朗報を意味していたが、キリスト教徒はこの「エウアンゲリオン」の言葉をもって、イエスの教え全体、あるいはイエス・キリストそのものを指して使うようになった。キリスト教信仰の核心は端的に「福音／エウアンゲリオン」と言われた。

(2) **病気とは**　近代医学が入って来るまでの日本においても「病気」については同じような考えが支配的だった。神道において、病気は「邪気」や「厄病神」が体内に侵入してくる結果で、病気の治癒とはそれを払いのけることであると見なされていた。こうした「邪気」や「厄」を祓《はら》うことは神職の大事な務めの一つで、今日でも「お祓い」は神道儀礼（神事）の根本をなしている。また仏教においては、民間の怨霊信仰と結びついた「悪霊」「死霊」が病気や災厄を引き起こすため、仏僧の加持祈祷によって鎮魂されなければならないと考えられた。神社仏閣においてなされている身近な神事やお勤めには、こうした背景があることを忘れてはならないであろう。

(3) **罪**　聖書の世界において「罪」は重要なキーワードになっている。ヘブライ語では「ハッタース」、ギリシャ語では「ハマルティア」という言葉が主に使われ、ともに「的はずれ」を意味する。この言葉をもって聖書の世界では「神の意志を拒否して的はずれに陥ること」を罪の根本と理解した。ところがイエスの時代、ユダヤ教社会では「律法主義（＝戒律遵守主義）」がきわめて強く、宗教規定に反したり遵守しないことが「罪」と見なされ形がい化されていたのである。

(4) **律法学者**　ユダヤ教社会において、律法（宗教戒律）の解釈を職業とする学者。彼らは宗教生活や社会生活に関して律法をいかに適応するかを研究し、絶大な権威をもって人々を指導していた。

(5) **人の子**　日本語のこの言葉からは直接理解できないが、BC二世紀頃からユダヤ教世界ではこの「人の子」という言葉で「来たるべき救い主」をイメージしていた。「救い主」としての自分の使命を意識していたイエスは、「わたし」の代わりにこの「人の子」という言葉を使っている。

(6) **わたしの軛**　軛とは、畑の土を耕す際に二頭の牛の首を繋いだ枷《かせ》のこと。イエスはこの重苦しいイメージを用いて「律法」の不自由さを指摘するが、しかし「わたしの軛」はそんなものではない、と訴えるのである。

第四節　イエスの使命と「父」である神

1　イエスの自覚

イエスは自分自身をどのようなものと自覚し、それを行動で表したのでしょうか。イエスに対する人々の驚きが広がっていくのを見るとき、このことはとても興味あることです。

その答えの手がかりとして、『マルコ福音書』が記す次のイエスの発言はとても重要です。

「人の子（私）は、仕えられるためではなく仕えるために、また、多くの人の身代金として自分の命を献げるために来たのである。」（10・45）

これは弟子たちが、師であるイエスが王国を打ち立てた暁に、自分たちの中で誰が一番偉い地位に就くのかと口論していたのを傍で聞いていて、思わず彼らに自分の本心を打ち明けた言葉です。

それにしても「多くの人の身代金として自分の命を献げる」とは、尋常なことではありません。この部分の聖書の原文は「多くの人の贖いのために自分のいのちを与える」となっています。

2　あがない（贖い）とは

聖書では「贖い（リュトロン／λύτρον）」と言う言葉が、頻繁に出て来ます。

今日わたしたちは、「自分が犯した何らかの過ちを申し訳ないと感じて、相手にかけた損害の埋め合わせをする」とき、「贖《あがな》う」という言葉よりも「償《つぐな》う」という言葉を使いますが、本来両方とも同じことを意味しています。

ところが、聖書の世界ではそれとは違った意味で使われているのです。「リュトロン（贖い）」といえば、「奴隷を解放して、自由にしてやること」、また「奴隷を解放してもらうために支払う代金、身代金」を意味するからです。日本語の場合と比べ、もっと生々しく重い社会的現実がこの言葉には込められていました。

イエスは今、自分自身の使命をこのような「身代金になる／贖いとなる」ことと自覚し、そのために自分のいのちを献げると言い、そのために「わたしは来た」と言うのです。

イエスは自分のいのちを賭して「神の支配の到来」、すなわち、神の息吹きの中で生きることを伝えようとします。それは当時の律法主義を超えて、神の愛にひたすら信頼して生きる「自由の道」を開くことでした。このイエスの行動は、律法を絶対視して社会を治めていた支配層にとって、きわめて不都合だったのです。

安息日に手の萎《な》えた人を癒したエピソードのように（マルコ3・1〜6）、イエスが最も大切にしたことを理解しようとせず、支配者たちはイエスを徐々に追い詰めて行きます。しかしこうした成り行きの中で、イエスが言う「贖《あがな》い」の出来事が準備されていったのでした。

3 「父よ、み心のままに」

「すべての人々を奴隷状態から解き放つために自分のいのちを与える」と言い切ったイエスでした。しかし、自分の受難と死を前にしてイエスは、ゲッセマネの園で恐怖と苦悩に打ちひしがれて、次のように祈ったと福音書は伝えています。

「アッバ、父よ、あなたは何でもおできになります。この杯をわたしから取りのけてください。しかし、わたしが願うことではなく、御心に適うことが行われますように。」（マルコ14・36）

追い詰められたイエスは、神に向かって「父よ」と呼びかけ、「これから受ける苦しい試練をできることなら撤回してください。しかし、わたしの願いどおりではなく、み心のままに」と必死に祈ります。この苦悩のどん底での祈りから、見えてくることがあります。それは父なる神がどれほど人類の救いを望んでいるかを、イエスが深く理解していたこと。そして、この神の望みを伝えるために自分は遣わされ、それを成就することが自分の最大の使命であるということです。

そうであればこそイエスは、「できればこの試練を取り去ってください」と願うものの、最後には「み心のままに」と、それを受け入れる覚悟を父なる神に表したのでした。これがイエスの祈りの内実でした。

『ヨハネ福音書』は、このような父なる神とこの神から遣わされたイエスの使命を要約して、次のように記しています。[1]

「神は、その独り子をお与えになったほどに、世を愛された。独り子を信じる者が一人も滅びないで、永遠の命を得るためである。」（3・16）

4　神を「アッバ」と呼ぶ

ところで「アッバ」とは、イエスが使っていたアラマイ語で、子どもが親しく父親に呼びかける言葉でした。今日の言葉では「パパ」に相当します。ユダヤ教の世界で、神を「父」のイメージで表すことは少なからずありましたが、しかし、神に向かって直接「アッバ（パパ、お父さん）」と呼びかけることは全くありませんでした。恐れ多くも神に向かって「アッバ」などと呼びかけることなど、不謹慎きわまることだったからです。

しかし、イエスにとって「神」たる御者は近づき難い遠い存在ではなく、ごく親しいお方でした。ですから、「神の支配」の喜ばしい到来を告げるとき、イエスは繰り返し神を「父」と呼んで、人々にそれまでとは違った神のイメージを強く示したのでした。

コラム9　イエスが言う「父」のイメージ

イエスが神を「父」と呼ばせ、父親のイメージで神を示すのは、確かに当時の父権制社会を背景にしてのことと言えます。しかし、それは幼児が親に寄せる全き信頼を意味するのであって、「女性、母性」に比べて「男性、父性」がより優れているということを言っているのではありません。しばしば、神のイメージが「母性か父性か」と二者択一的に議論されることがありますが、イエスは具体的な歴史的状況の中で「アッバ」と言っただけのことです。

当時、家族における「父親」とは、かつての日本の場合と同様、いのちをかけて家族全員を守る責任と、家族が築き上げた全てを次の世代に引き継ぐという責任を担う権威ある存在でした。現代の先進国の人々が考える「男女同権」というきわめて洗練された観念は、当時はまだなかったのです。それでも「親」としての責任は、父も母も共に担っていたことを忘れてはなりません。

ちなみに日本のキリシタン時代、「主の祈り」の中に出てくる「父」は、「親」と訳され、「天にましますわれらがおん親」となっています。（二一四頁参照）

ついでにもう一つ考えてみたいことがあります。それは「父」というとき、わたしたちが自然に自分自身の父親のことを考えてしまい、自分の身近な父親のイメージがイエスの言う「父」と重なってしまうことです。しかし、わたしたちはここでイエスにとって「父」と呼びかけた方はどんな存在であったのか、イエスにとっての「父／アッバ」のイメージは何であったのかという点から目を離してはなりません。

5　弟子たちにも神を「アッバ」と呼ばせる

それだけではありません。イエスは弟子たちや人々にも「神」を遠慮なく「アッバ」と呼ぶように促したのでした。

あるときイエスは、弟子たちから「わたしたちにも祈りを教えてください」と乞われました。それに応えて「こう祈りなさい」とイエスが教えた祈りがあります。


「天におられるわたしたちの父よ、／御名が崇められますように。

御国が来ますように。御心が行われますように、／天におけるように地の上にも。

わたしたちに必要な糧を今日与えてください。

わたしたちの負い目を赦してください、／わたしたちも自分に負い目のある人を／赦しましたように。

わたしたちを誘惑に遭わせず、／悪い者から救ってください。」（マタイ6・9〜13）

イエスが教えたこの祈りは、「天におられるわたしたちの父よ」という呼びかけで始まります。この呼びかけには、イエス自身が「アッバ、父よ」と呼びかけていた親しい神とのかかわりに、人々をも引き入れようとする意図が伺われます。

この祈りは後に弟子たちから「主の祈り」と呼ばれ、代々「教会（キリストを信じる人々の共同体）」において大切に伝授されてきました。それは今日に至るまで、キリスト信者（キリスト信者）が神に向かって祈るときの「祈りの根幹」とされています。なお、この祈りについては後に詳しく見ていきます。

6 イエスと「父」である神との関係

ところで、神を「アッバ／父よ」と呼び、そのみ心を遂行するために自分は来たと自覚するイエスと「神」との関係は、どのようなことなのでしょうか。

イエスが全身全霊をかけて人々に伝えた「神の支配の到来」の福音のことを考え合わせると き、「父」なる神のみこころとは、まさに「神の支配」の実現であり、そのためにイエスは自分をことごとく献げようとしていることが見えてきます。

イエスにとって「神の支配」の実現とは、地上に「王国」を打ち立てることではなく、人々を奴隷状態（罪のとらわれ）から解き放つことでした。「あなたの罪は赦される」と、イエスは病いに苦しむ人々に宣言して病気を治しながら、「神の支配／神の力」を示したのはそのためでした。

そのイエスが今や、受難と十字架の死を前にして深い苦悩のうちに「アッバ、父よ、あなたのみ心のままに」と祈るのです。このイエスを見つめるとき、イエスの告げる「神の支配」の実現と、イエスの十字架の死が切り離せないことが見えてきます。

「人の子は仕えられるためではなく仕えるために、また、多くの人の身代金として自分の命を献げるために来た。」――イエスのこの言葉は、遠い昔のあの預言者イザヤが告げた「苦しむ僕《しもべ》」のことを思い起こさせます（イザヤ42章）。

まとめ

■イエスは「多くの人の贖いのために自分のいのちを献げること」を自分の究極の使命と

して自覚していた。

■人間の罪のとらわれからの解放、すなわち、「神の支配」の実現は、イエスがそこに自分のいのちを献げることによって達成される。イエスはそれを父なる神のみ心と受けとめていた。

■イエスは神を「父」と呼び、また弟子たちにもそう呼ぶように招いた。「天におられるわたしたちの父よ」という呼びかけで始まる祈りは、イエスが弟子たちにじかに教えた祈りで、「主の祈り」としてキリスト信者たちに大事にされてきた。

考えるヒント

■この節を読んで印象に残ったことがありますか。

■「とらわれからの解放」というのは、多分に聖書的な表現で、仏教の影響を受けた日本では「とらわれ」を「迷い、煩悩、無明」などと表現します。また神道の世界では「穢《けが》れ」がそれにあたると言えます。

■あなた自身、「とらわれから解放されたい」自分に思い当たりますか。

■神を「アッバ／父よ」と呼びかけることについて、あなたはどう感じますか。

注

(1) **独り子**　『ヨハネ福音書』では、救い主であるイエスを神から遣わされた「神の独り子」と呼んでいる。それはイエスが神を「父」と呼んだことにもとづいて、イエスは「父なる神」と一体の者であるという理解の表明である。

第五節　イエスが説く愛とは

1　「キリスト教は愛の宗教」と呼ばれるのはなぜ？

「敬天愛人」(天を敬い人を愛する)という標語は、明治維新に活躍した西郷隆盛(一八二七～七七)の座右の銘として知られています。彼は当時、中国から入手した漢訳聖書[1]を愛読していました。これから付き合っていかなければならない欧米人を理解する上で、キリスト教を知る必要があると考えた西郷は聖書を読み始め、その根本精神を「敬天愛人」として座右の銘にしたと言われています。

キリスト教は「愛の宗教」と呼ばれますが、それはイエス自身が「神の支配の到来」を告げながら「神と隣人を愛しなさい」と教えたことに由来するからです。「愛」と言えば、時にはわたしたちを悩ます身近な問題であると同時に、崇高な理想を示す課題だと、誰もが感じます。では、イエスの言う「愛」とはどんなことだったのでしょうか。ここではイエス・キリストから教えられ、キリスト教信仰の土台とされてきた「愛」について考えてみましょう。

コラム10　仏教における「愛」

わたしたちの日本社会に大きな影響を与えてきた仏教では、「愛」は元来、否定的な意味で使われていました。我執、愛欲、執着などわたしたちを苦しめるとらわれの元凶は「愛」だと教えられてきたからです。ブッダにとって苦しみの原因は「タンハー(渇愛)」であり、その最大のあらわれは具体的な「愛欲」として体験されると彼は教えました。いかにそこから離脱し、心を平安にするのかが本来の仏教信仰の目標と実践です。

今日、「愛」の価値を否定する人はいません。しかし、一方、愛ゆえに人は傷つき、憎しみや嫉妬に翻弄され、その結果ときには人間関係が混乱してしまう現実があります。仏教はこのことを正直に見つめ、「愛」を問題にしているのでありましょう。

2　「愛」の根本を物語るエピソード

ここにイエスの「愛」についての根本を語るひとつのエピソードがあります。

▼『マルコによる福音書』10・17〜22を読んでみましょう。

金持ちの若い男が息を切らせて駆けつけ、単刀直入にイエスに問いかけます。「永遠の生命を受け継ぐために、私は何をすればよいのでしょうか。」（10・17）
簡潔に記されたこの男の言動から、自分の救いを本気で求める誠実な人柄が偲ばれます。「永遠のいのちを受け継ぐ」とは、まやかしではない救い、神からいただく本物の救いを意味しています。彼は、今や人望あついイエス自身から、その在りかとそれを獲得する方法を聞きただしたかったのでしょう。
この重大な問題をめぐるイエスとこの男のやり取りの始終を、『マルコ福音書』は興味深く記しています。

3　イエスが求めたこと

まずイエスは、当時のユダヤ教信仰を生きる基本を男に問いただします。「『殺すな、姦淫するな、盗むな、偽証するな、奪い取るな、父母を敬え』という掟をあなたは知っているはずだ」。それに対して男は「先生、そういうことはみな、子供の時から守ってきました」と正直に答えました。

イエスは、真の救いを求める彼の誠実さを認めたのでありましょう。彼をじっと見つめ、慈しんで、「あなたに足りないことが一つある」と言って、確かな救いを得るために一つの挑戦を言い渡します。それは、持っている物を全部売り払って貧しい人々に施すことでした。その上で、富という地上の保証をうち捨てて、「神の支配」を伝える自分の仲間に加われと、イエスは言うのです。しかし、男は「この言葉に気を落とし（原文では、顔を曇らせ）、悲しみながら立ち去った。たくさんの財産を持っていたからである」（10・22）と『マルコ福音書』は記しています。

イエスは自分の言葉にショックを覚え、肩を落として去っていく男の後ろ姿を見送りながら、一部始終を見ていた弟子たちに言います。

「財産のある者が神の国に入るのは、なんと難しいことか。（中略）金持ちが神の国に入るよりも、らくだが針の穴を通る方がまだ易しい。」（10・23、25）弟子たちは「それではだれが救われるのだろうか」（10・26）と言って大いに驚いたのでした。

4　律法主義からの解放とは

イエスがこの男の願いをかなえようと一つの挑戦を与えたが、彼はそれを拒絶したこと、それに続くイエスの嘆きの言葉と弟子たちの驚き――この一連の流れから次のことが浮かび上がってきます。

まず、イエスはこの男が陥っていた二つのとらわれから彼を解放しようとしたことです。一つは、この男もまた当時の律法主義（戒律主義）にとらわれて一生懸命生きていたのでしょう。「先生、そういうことはみな、子供の時から守ってきました」という正直な答えは、何の不自由もない生活環境における育ちの良さを暗示しています。しかし、ここに落とし穴があったのです。律法主義がもたらす「完全でないと気が済まない」という一種の脅迫観念です。

救いの保証をもっともっと実感して安心したい。そのためにますます厳格に戒律を遵守しようとするのですが、しかし、そうすればするほど不安になる。こうした悪循環から、イエスはこの男を解き放ち神の前に自由にしたかったのでした。

しかし、もっと大事なことがあります。それはこの裕福な男が自分の救いの保証を一生懸命追求するあまり、周りの人々、特に貧困にあえぐ人々の苦しみなどまったく眼中になかったということです。イエスはそうした自己中心のとらわれからも、彼を解き放ちたかったのでした。

5　無関心ではなく

このエピソードは「彼はこの言葉に気を落とし、悲しみながら立ち去った。たくさんの財を持っていたからである。」と締めくくられています。

当時のイスラエル社会は、先に見たように、ほんの一握りの人々が富を独占し、大多数は貧しく、特に「地の塵の民（アム・ハアーレツ）」とさげすまれ社会の底辺に追いやられていた人々は、ひどい貧困にあえいでいました。彼らは律法主義がはびこるイスラエル社会の中で、生きていくだけで精一杯なために、律法を守る余裕はありませんでした。そのために神からも見放された「罪びと」と差別されていたのです。

「救いの保証を得るためには何をすべきか」、その答えをイエスに求めたこの金持ちの男に、イエスは「行って持っている物を売り払い、貧しい人々に施しなさい。そうすれば、天に富を積むことになる。」と言います。

それは、「あなたは何の不自由も感じない生活の中で、律法を完璧に守ることに専念して、自分の救いだけを追求している。しかし、あなたのすぐかたわらに、日々食べていくことさえままならない人々がいることに気づかないのか。あなたは彼らに無関心でいていいのか。」

隣人への無関心、特に助けを必要としている隣人への無関心から自分自身を解放することこそ、イエスが福音宣教の開始で訴えた「回心」の中味だったのです。

6 「隣人となる」

困っている隣人への無関心、自分の都合や利益しか考えない生き方からの解き放ち——それは「隣人を愛しなさい」というイエスの一貫した教えと一体です。このことをよく伝えるイエスのエピソードとたとえ話があります。

▼『ルカによる福音書』10・25〜37を読みましょう。

ここでもイエスへの問いかけは、先の金持ちの男の質問と同じです。「何をしたら、永遠の命を受け継ぐことができるでしょうか。」(10・25)

ただ今回は、問いかけをしたのは律法の専門家で、しかも「イエスを試そうとして」このような質問をしたと『ルカ福音書』は伝えています。「律法の専門家」とは、今日で言えば聖書の専門家のことです。厳しい研鑽を積んだ宗教上の博学者として、当時のイスラエル社会ではたちでした。
大いに尊敬され、絶大な権威をもってイスラエル社会の人々の教化にあたっていた超エリート
しかし今や人々は、このような律法学者たちが唱えた「律法主義」を厳しく非難するイエスに耳を傾け、「神の支配」の福音を喜んで受け入れていたのです。そのため律法学者たちは、権威ある専門家の立場からイエスの言葉尻をとらえ、どうにかイエスを失墜させる機会をねらっていたのでした。
イエスを取り囲んでその教えに聞き入る群衆に紛れこんだ一人の律法の専門家が「立ち上がって」、最も重要な問題、すなわち本当の救いはどこにあるのかと質問して、群衆の前でイエスに論争を挑んだのです。

7　このエピソードについて考えてみましょう

ところで、今回はここに挙げた『ルカ福音書』の記事について、あなた自身で考えてみてください。次の点についてどう考えますか。

(1)イエスは自分を試みようとした律法の専門家に対して、どのように振る舞いましたか。特に彼自身に答えさせる点に注目してください。
(2)「彼（律法学者）は、自分を正当化しようとして」とありますが、原文では「自分自身を弁護したくて」です。なぜ、イエスが「正しい答えだ」と褒めたのに、彼はさらに自分の立場を弁護しようとしたのでしょうか。
(3)自分を弁護する律法学者に語ったたとえ話をもって、イエスが一番強調する点は何でしょうか。ちなみにたとえ話に登場する「サマリア人(2)」とは、当時のユダヤ人と民族的に敵対

関係にあった人々でした。

(4)「隣人とは誰か?」と論争を迫る律法の専門家に対して、イエスはたとえをもって答えを引き出させ、その上で「行って、あなたも同じようにしなさい」と言います。イエスは、何を彼に求めたのでしょうか。

8 確かな救いの道は「隣人となる」こと

このエピソードから次のことが見えてきます。すなわち、「確かな本当の救い(=永遠のいのちを受け継ぐ)は、全身全霊を込めて神を愛し、隣人を自分のように愛する」ことによって得られるということです。端的に「神と隣人を愛する」ということです。

でも、この教えはユダヤ教でも言われてきたものでした。キリスト教が「愛の宗教」と呼ばれるのは、この教えがイエスによってさらに徹底されたからと言われますが、それはどういうことなのでしょうか。

まず、ユダヤ教にとって「隣人」とは同じイスラエル民族である同胞に限られていました。しかし、イエスがたとえの中で登場させている「サマリア人」とは、ユダヤ人にとっては敵であり、「自分のように愛する」相手などではありません。

印象的なのは、「隣人とは誰か?」とイエスに問い詰めた律法の専門家に、「だれが追いはぎに襲われた人の隣人になったと思うか」と問い返し、彼に「その人を助けた人です」と答えさせたことです。敵側のサマリア人が自分たちと同胞のユダヤ人を助けた——律法の専門家である彼にとって、思いもつかないことでした。

さらにイエスは、権威ある律法学者にこのように答えさせながら、「隣人とは誰か」などとあれこれと頭の中で思いめぐらし、議論に明け暮れる彼を「神の支配の到来」の喜びの中に解き放とうとしたのです。

「行って、あなたも同じようにしなさい。あなたの力を必要としている人々が周りにいるはずだ。さあ、あなたも素直な心で手を貸してあげなさい。」

9　イエスが説く「愛」とは

以上のことから、イエスが説く「愛」とは、仏教の教える「愛欲」でもなければ、一般に思われている「相手に抱く好ましい思いや感情」でもないことが分かります。このことをイエスを信じたキリスト信者たちは「アガペー」というギリシャ語であらわしました。それは「相手を大事にし敬うこと」「相手を大切に思うこと」を意味しています。

「わたしは言っておく。敵を愛し、自分を迫害する者のために祈りなさい。」（マタイ5・44）

イエスのこの言葉は、「愛」の理想が私心や私情を離れたところにあることを教えています。

ちなみに、五〇〇年前に日本にも伝えられたキリスト教が大いに栄えた「キリシタン時代」、この「アガペー」は「大切」、あるいは「ご大切」と日本語に置き換えられました。まさに本質をつかんだ名訳であったと言えます。(3)

また「アガペー」は、旧約の民（ユダヤ人）が使っていた「ヘセド」という言葉に託された信仰に土台を置いています。すなわち「ヘセド」とは、神が人間を創造して、救いに導きながら、何よりもわたしたち人間を慈しみ、大事にしてくださるという確信をあらわしています。

10　新約聖書に記された「愛」についての教え

イエスの「愛」についての豊かな教えについては、さらに以下の聖書の箇所を参照してください。

▼『マタイ福音書』5・43～44（ルカ6・27、35）
▼『ルカ福音書』 7・36～50
▼『ヨハネ福音書』15・9、10、13

また、イエスの弟子だったパウロも、当時のキリスト者が実践していた「愛」について述べています。

▼『第一コリント』13・1～13

まとめ

■イエスの説く「愛」とは、何よりも困っている「隣人」に対する無関心からの解放から始まる。どんなに「良いことだ」と思ってそれに打ち込んでも、隣人の存在を無視するなら人は容易に自己中心に陥ってしまうことがある。
■確かな救いの道は「隣人となること」、困っている人に手を差し伸べることにある。助けを必要としている人が、たとえ敵対する人であっても。
■イエスが説く「愛」とは、相手に抱く好ましい思いや感情ではなく「相手を大事にすること、相手を尊重する心とその実践」である。

考えるヒント

■この節を読んで印象に残ったことがありますか。

■「キリスト教は愛の宗教である」と言われますが、あなたはこれについてどう考えていましたか。
■「隣人となる」ということについてどう考えますか。「敵をも愛しなさい」というイエスの教えを、どうとらえますか。
■イエス・キリストの愛を信じて生き抜いたマザー・テレサ(4)の数々の言葉は、わたしたちの心に強く響きます。例えば、次の言葉をあなたはどう受けとめますか。（以下、『マザー・テレサ―愛と祈りのことば』、渡辺和子訳、ＰＨＰより）

「ある人がかつて私に、百万ドル貰っても、ハンセン病者には触りたくないと言いました。私も答えたものです。『私も同じです。お金のためだったら、二百万ドルやると言われても、今の仕事はしません。しかし神への愛のためなら喜んでします。』」

「貧しい人々を愛すること、その人々に奉仕するということは、私たちの残り物、または私たちの嫌いな物を彼らに与えることとは違います。流行遅れになった、または飽きてしまったが故に、自分では着なくなった衣服を与えることでもないのです。そんなことで、貧しい人々の貧しさを分かち合っていると言えるでしょうか。とんでもないことです。」

「何度でも飽くことなく繰り返して言います。貧しい人々が最も求めているのは、憐れみではなく愛なのです。彼らは自分たちの人間としての尊厳に敬意を払ってほしいのです。そして彼らが有している尊厳は、他の人間のそれと全く同じ質と量の尊厳なのです。」

注

（1）**漢訳聖書**　幕末維新の動乱期に活躍した坂本竜馬、勝海舟、福沢諭吉らも「聖書を読んだ侍たち」として知られている（守部喜雅『聖書を読んだサムライたち』、いのちのことば社）

（2）**サマリア人**　サマリア地方に住んでいた人々で、複雑な歴史的経緯の結果、自分たちの宗教とユダヤ教を習合させて、エルサレム神殿を拠点とする「ユダヤ教」に対抗する教派をつくっていた。そのため、ユダヤ教の正統信仰から離れたものとしてユダヤ人たちからは敵視されていた。

（3）**「愛／アガペー」と「慈悲」**　キリスト教の「愛」を考えるとき、わたしたちが普段使っている「慈悲」という言葉についても少し触れておきたい。仏教信仰が進展していく中で、「慈悲」という言葉が生まれた。これは、他者に利益や安楽を与えるいつくしみを意味する「慈」と、他者の苦しみに同情し、そこから救い出そうとする思いやりを意味する「悲」が合わさった言葉とされている。「神の支配」の福音と相通じるものがここにはあるといえよう。

（4）**マザー・テレサ（一九一〇〜一九九七）**　インドで「最も貧しい人々」のために尽くしたカトリック修道女。「神の愛の宣教者会／Missionaries of Charity」の創立者。旧ユーゴスラヴィアで生まれた彼女は、一八歳のころ修道生活と宣教への召命を感じ、ロレット修道会に入りインドに派遣された。カルカッタで同修道会経営の高校で長年教鞭をとり校長職をも務めた。しかし、インドの貧しい人々に奉仕する召命をさらに感じ、一九五〇年に「神の愛の宣教者会」を起こしてローマ教皇庁の認可を受けた。路上で行き倒れになった人々に対する看取りの奉仕、見捨てられた子どもたちへの教育、ハンセン病に苦しむ人々への診療や自立支援の奉仕を、同僚のシスターたちと積極的に展開した。一九七九年にノーベル平和賞を受賞。日本にも二度来日。八六歳でカルカッタで帰天した。現在も彼女の起こした「神の愛の宣教者会」は、世界一〇〇カ国以上の国々で、物的・精神的貧困に苦しむ「最も貧しい人々」に「真心の無償の奉仕」を展開している。

第六節　「ゆるし」を説くイエス

1　「愛とゆるしを生きる」―イエスの告げた福音の中味

イエスが説く「神と隣人への愛」の「愛」とは根本的に「大事にする、大切にする」ことであると見てきました。さて、「神の支配の到来」を人々に告げるとき、イエスは愛することと同時に、「赦すこと」を強く訴えています。「愛とゆるし」――これは「神の支配」の福音のいわば二本の柱とも言えます。

2　「放蕩息子のたとえ」

まず、以下にあげる「放蕩息子のたとえ(1)」と呼ばれているイエスのたとえ話を味わってみましょう。

▼前半の部分。『ルカ福音書』15・11～24

親不孝な息子の話です。生前贈与ということなのでしょうか、自分が相続すべき財産を強引に手に入れて家出し、好き勝手なことをやった挙句、無一文になってようやく目が覚めたという話。昔も今もよくあることです。

聞き耳をたてる群衆と、日頃からイエスの言動に不満なファリサイ派の人々や律法学者たちを前に、イエスは二つのことを強調しながらこの「たとえ話」を生きいきと語ったのでした。

一つは、この放蕩息子が、雇人でもかまわないからせめて屋根の下に置いてもらおうと心に決め、思い切って家に戻り、家長である父に詫びたということ。

もう一つは、帰りを待ちわびていた父親が、息子が戻ってきたことを手放しで喜び、僕たちをせかして祝宴を始めたこと。

3 赦す神

このたとえ話には「ゆるし」という言葉が一度も出て来ませんが、戻ってきた放蕩息子に対する父親の振る舞いは、雄弁に「ゆるし」を物語っています。

確かにここに登場する父親の振る舞いは、人間的な常識から大きくはずれています。しかし、イエスはそこに「赦す神」のイメージを重ねていることに注目しなければなりません。

では、イエスがこのたとえをもって訴えようとしている「神のゆるし」とはどういうことなのでしょうか。あるいは、「お父さん、わたしは天に対しても、またお父さんに対しても罪を犯しました」と放蕩息子が繰り返して口にする「罪」とはどういうことなのでしょうか。このことを考えてみます。

理解を深めるために

日本における「罪のとらえ方」

よく日本人には「聖書でいう罪」のことがよく分からない、と言われますが、あなたは、「罪」と聞くと、どんなことを考えますか。

「罪深い」「罪つくりなことをする」「無実の罪を着せられる」「罪なことを言うな」など日本語には「罪」をめぐる豊かな表現が多くあります。

しかし、一般的に日本語で「罪」というと、「犯罪」という言葉が示すように、社会的な掟（＝法律）に背くことととらえられています。事件や交通事故などが起こると、わたしたちの社会では、まず「違法行為」であるか否かが問われ、「法に背いている」と断定されれば、当事者には客観的な判断（裁き）によって相応の刑罰が科せられます。いわゆる英語の「crime」に当たることで、「悪事をはたらいた」と表現されます。

ところが、社会的な定め（法律）に抵触するかどうかの前に、人間には「良心のとがめ」を心に感じるという側面があります。人間だけが持つ「恥」はその人にしか知られない心の奥深い感情で、「良心のとがめ」から日常生活における恥ずかしさまで多岐に及びます。

日本の精神文化の伝統では、心の深いところで感じる「罪悪感」を「恥」と呼んできました。「お天道さまに恥じぬよう」「御先祖さまに恥じぬよう」など目に見えない大いなる存在の前で自分を律するという考えは、これから見るキリスト教的な罪意識（英語のsin）に通じるものがあります。しかし一方、日本の恥の文化は世間体とか人々の眼差しをも前提としています。「世間をお騒がせした」とか「皆さまにご迷惑をおかけした」などのお詫びはその表れといえましょう。このような考え方は「人さまに迷惑をかけてはならない」「人に迷惑をかけないことさえしなければ」という特有の「罪理解」を生み出し、「人の前で恥ずかしい」ことが一般に「罪」とみなされています。

コラム11　親鸞の罪意識

日本の宗教史において、先に触れた「sin」に深く注目し、そこからの救いを説いたのは親鸞（一一七三－一二六二）でした。自分の罪深さを深く自覚した親鸞は「地獄は一定すみかぞかし」（自分にとって地獄は決定的な場所で、地獄以外に行き場がない）とさえ言い切ります。親鸞の強い罪意識は、出家者に課せられていた厳しい戒律を遵守できない自分自身への失望感のあらわれであったようです。そのため、親鸞はこのような自分が救われるのは、あれこれの戒律を守ることや修行によってではなく、煩悩に苦しむ人間を救済しようとする「阿弥陀の本願」(2)にひたすら頼ることによって成就すると告白するようになります。「悪人正機《あくにんしょうき》」の教え(3)、すなわち、悪人こそが仏の救済の対象であるという親鸞の確信は、パウロの教えと通じるものがあるとして注目されてきました。

4 「天に対しても、お父さんに対しても罪を犯しました」

先のたとえ話の中で、放蕩息子が「お父さん、わたしは天に対しても、またお父さんに対しても罪を犯しました」と言うとき、「天」と「お父さん」はともに「神」を暗示しています。問題は、ここで「天（神）に対しても、お父さんに対しても」と訳されているように「誰かに向き合って」いることが強調されていることです。聖書の原文では「天（神）に対しても、あなた（お父さん）の前でも」と書かれています。

ところで、聖書で「罪」というとき、先に触れたように、日本人が普通考えているような罪理解、すなわち、社会的な定めや法律を踏みにじって世間を騒がせ、人さまに迷惑をかけたということを第一にしていないことは、注目すべきことです。（もちろん、罪の社会的な側面を無視しているわけではありません。）

聖書において「罪」を問題にするときまず第一に、この自分を慈しんでくださる「神」の眼差しを感じていながら、感謝を忘れ、神に反抗する姿勢を意味しています。自分を優先させ絶対視するあまり、「神に背を向け、身勝手に振る舞うこと」、あるいは、かたくなにそうした状態に甘んじ続けること――それを「罪」と言うのです。確かに「罪」は、良心のとがめ、すなわち、得も言われぬ罪悪感（呵責《かしゃく》）を引き起こしますが、聖書で「罪」というとき、単なる後悔というよりも、こうした「愛深い神に対する申し訳なさ」を土台としてのことなのです。

このような「罪」のとらえ方の土台には、旧約聖書以来の「天地創造」の考えがあります。すなわち、一切万物は神によって造られ、この「自分」もまた神によって「造られ、支えられ、生かされている」のであって、誰一人自分自身の中に存在の根拠をもっていないという洞察です。存在していること、生きているということ自体、創造主である神の恵みであり感謝すべきことだ、という確信がそこにあります。

5　「死んでいたのに生き返り、いなくなっていたのに見つかった」

このたとえ話のクライマックスは、戻ってきた放蕩息子を心から喜んで迎え、祝宴を開いて喜びを表したということです。ここには、非を認めて神に立ち返る人間を全面的に赦し、受け入れる神の姿があります。「この息子は、死んでいたのに生き返り、いなくなっていたのに見つかった。」という喜びに満ちたこの言葉には、計りがたい神の愛がみなぎっています。そしてこのたとえは、わたしたちが後に扱うことになる「死からいのちへ」という最大の出来事――イエスにおいて成就される真の救いを暗示しているのです。

6　赦そうとしない兄

ところで、このたとえ話には後半の続きがあります。

▼『ルカ福音書』の15・25～32を読んでみましょう。

このたとえ話の後半を読んで、あなたはどんなことを感じますか。以下の点について考えながら、聖書のメッセージを味わってみてください。

(1)なぜ、兄は怒ったのでしょうか。兄の発言や態度はどのような基準によるものと考えますか。父に向かって「あなたのあの息子」と突き放す言い方に注目してください。

(2)兄が陥っているかたくなさは、「父」の目から見ればどこがおかしいのでしょうか。正義ぶっている兄もまた「罪(闇、混乱)」の状態にあると言えませんか。

(3)父はしきりに兄を諭しますが、何を分かってもらいたいからなのでしょうか。

(4)この部分をより深く理解するために、幾つかのヒントを「コラム」に記してみます。

コラム12 「二人の息子のたとえ」が暗示する罪の姿

・父のもとでいつも真面目に働いていた兄は、弟の身勝手さに憤慨した。あんな弟がおめおめ帰ってきたのを父はとがめもせず、それどころか自分が苦労して育てた肥えた子牛を屠って歓待するとはいったいどういうことか。兄の気持ちには、人間としての当然の言い分が表れています。

・父とずっと一緒にいた兄の息子は、確かに表向きは親孝行でした。しかし、兄は正義だけで「愛」を知らなかったことが露呈しています。彼には「赦す愛」に欠けていたのです。

・弟の罪が「放縦型」とすれば、兄の罪は「傲慢型」と言えましょう。「自己中心」に振り回されるわたしたち人間の罪には、こうした二つの側面が常につきまとっています。自分の欲望を満たそうと夢中になり、その結果自分を見失う愚かさ。もう一つは、自分だけが正しいと我を張って他を見下す傲慢さ。神の目にはむしろ、後者の方がもっと愚かと言えるかもしれません。
・ちなみにイエスは、他の機会に「傲慢の罪」を茶化すかのような印象深いたとえを語っています（ルカ18・9〜14）。是非読んで味わってみてください。

7　なぜイエスはこのたとえ話を語ったのか

さてこのたとえ話は、あるきっかけでなされたと、『ルカ福音書』は記しています。「徴税人や罪人が皆、話を聞こうとしてイエスに近寄って来た。すると、ファリサイ派の人々や律法学者たちは、『この人は罪人たちを迎えて、食事まで一緒にしている』と不平を言いだした。そこで、イエスは次のたとえを話された。」（15・1〜3）

ここに述べられる「次のたとえ」とは、以下の三つのたとえのことです。
(1)一つ目は、「見失った羊」のたとえ（ルカ15・4〜7）。
(2)二つ目は、「無くした銀貨」のたとえ（同15・8〜10）。
(3)そして三つ目が、ここに取り上げた「二人の息子のたとえ」です。

皆さんも、この三つのたとえ話しをよく味わい、自分自身に照らし合わせながら、イエスの伝えたかったこと、イエスの心が何であったかを思いめぐらしてみてください。

8　悔い改めを訴えるイエス

このように、神から存在を与えられ、生かされているにもかかわらず、わたしたち人間は創造主である神に背を向け、自分を絶対視したがる傾向を持ち、しばしばそれを行動に移してしまいます。「自己中心」の考えにとらわれ、それを行いに移すとき、わたしたちは、自分自身にも自分の周りにも混乱と悲しみを引き起こす「不思議な闇の力」に屈してしまいます。しかも場合によっては、自分がそうしたとらわれの下にあることにさえ気づかずにいるのです。先に見たようにイエスが「時は満ち、神の国は近づいた。悔い改めて福音を信じなさい」(マルコ1・14〜15)と呼びかけて宣教を始め、全身全霊をかけて福音を説いて廻ったのも、実はこのような「罪の束縛」から解き放つためでした。すなわち、罪の自覚を呼び覚まし、「回心」を引き起こすことです。

「罪に在る人間の哀しさ」——後にキリスト教が「原罪」と名指すこのようなわたしたち人間の宿命的なゆがみは、神との本来的なかかわりにおいて表れるだけでなく、隣人との関係においてもさまざまな混乱や迷いとなって表れるのです。

「先生、永遠のいのちを得るために何をしたらいいのですか」と誠実に問いかけながら、しかし富に執着し、隣人の存在に全く無関心でいたあの男も、イエスの目からみれば「罪」の状態にあったのでした。また同じ質問をしながら自分の地位や名誉を重んじて自分を正当化し、いのちの危険にさらされている人に対してすら「隣人となる」ことを忘れていた律法の専門家——彼もまたイエスの目から見れば自分本位の生き方にとらわれた「罪」の状態にあったのです。

「自分の持ち物を売って、貧しい人々に施しなさい」、「行ってあなたもそうしなさい」。イエスがそれぞれに示した命令は、「罪」においてある人間の悲劇に、実は自分も巻き込まれていることに気づかせ、そこからの解放を促すイエスの愛の心の表明だったのです。「神の支配にあずかる＝本当の救いを得る」ということは、隣人への愛に立ち返ることによって実現されていきます。イエスの「罪のゆるし」「罪からの解放」とは、神と隣人に対する愛の回復によってのみ達成されていく道なのです。

9 「ゆるし」と悔い改めを訴えるイエス

イエスの「ゆるし」の教えは、単なるヒューマニズムとか崇高な道徳的理念なのではありません。それはわたしたちと神との根本的な関係の問題であり、人間の真の救いにかかわる問題なのです。

イエスは執拗に訴えます。

「立って祈るとき、だれかに対して何か恨みに思うことがあれば、赦してあげなさい。そうすれば、あなたがたの天の父も、あなたがたの過ちを赦してくださる。」（マルコ11・25）

「もし人の過ちを赦すなら、あなたがたの天の父もあなたがたの過ちをお赦しになる。」（マタイ6・14）

「あなたは、兄弟の目にあるおが屑は見えるのに、なぜ自分の目の中の丸太に気づかないのか。兄弟に向かって、『あなたの目からおが屑を取らせてください』と、どうして言えようか。自分の目に丸太があるではないか。偽善者よ、まず自分の目から丸太を取り除け。そうすれば、はっきり見えるようになって、兄弟の目からおが屑を取り除くことができる。[4]」（マタイ7・3～5）

「あなたたちの一人一人が、心から兄弟を赦さないなら、わたしの天の父もあなたたちに同じようになさるだろう。」（マタイ18・35）

このように、自分の罪が赦されることと、隣人を赦すこととは切り離せないとイエスは訴えるのです。耳の痛いことです。

まとめ

■イエスは「二人の息子のたとえ」を印象深く語りながら、父なる神がわたしたち人間の罪を赦す方であることを示した。また、このたとえから「罪」とは、神を前にしての人間の二つのタイプの罪の姿（自己中心の生き方）があることが見えてくる。
■戻ってきた弟を赦さない兄の姿は、神の前で自分を正当化し、神の赦す愛を拒む人間の哀しさを暗示している。

考えるヒント

■この節を読んで印象に残ったことがありますか。
■あなたには、神さまに是非とも赦していただきたいことがありますか。
■一方、これまでかかわった人々に対し「このことだけは赦せない」と苦しんだことがありますか。
■自分のことは赦してもらいたい、でも自分にされたことは赦せない、というジレンマに苦しんだことがありますか。

注

（1）**「放蕩息子のたとえ」** 一般に「放蕩息子」のたとえと言われているが、以下に述べることから分かるようにむしろ「二人の息子のたとえ」と呼ぶべきであろう。

（2）**阿弥陀** 「アミダ」とは、サンスクリット語の「アミターバ」で「無限の光明を持つ者」を意味し、このような名前をもつ仏の化身の一人と見なされ、「阿弥陀如来」の尊称で呼ばれる。後には略して「阿弥陀／アミダ」

と呼ばれるようになった。自力で成仏できない人でも「アミダ」の名を無心に唱え続けるなら極楽浄土に往生できると信じられている。日本語ではさらに「ミダ」とつづまった。なお、「ナムアミダブツ」の「ナム」とは、「わたしは帰依します」を意味し、漢字で「南無」と音写された。また、「ナンマイダ」は「南無阿弥陀仏／ナムアミダブツ（わたしは阿弥陀仏に帰依します）」が訛ったもの。

（3）**悪人正機**　この教えは『歎異抄』（親鸞の弟子・唯円の著）で親鸞の言葉として紹介されるが、オリジナルは親鸞の師であった法然にさかのぼる。

（4）**「おが屑」と「丸太」**　丸太を切ったときに出るおが屑は、本体の丸太に比べれば粉のようなもの。イエスはしばしばこのようにコントラストを大きくして大げさに語り、強く印象づけることをもって人々に大事なメッセージを残した。ここでは自分の大きな欠点を棚に上げて、他人のうちに見出す同じ欠点を針小棒大に取り上げて非難するわたしたちのゆがんだ傾向を、イエスは皮肉たっぷりにいましめる。

第七節　主の祈り

1　愛することと赦すこと

イエスが言葉と行動をもって訴えた「神の支配の到来」という福音の中味は、これまで見てきたように、「愛する（大事に思う）こと」と「赦すこと」にあると要約されます。この二つは一体であり切り離すことができません。

しかし、イエスはこうした福音を単にヒューマニズムにもとづく倫理道徳として教えたのではありません。何よりもまず神ご自身がわたしたち人間を愛し、赦してくださった以上、わたしたちもまた互いに愛し、赦し合わなければならない――これが神から示された人間の真の救いの道なのです。信仰の第一歩は、こうした神がさし伸べる手に向かって歩み出すことです。

2　イエスが教えた祈り

すでに述べたように（八一頁）イエスは、あるとき弟子たちから「どう祈ったらいいのか、教えてください」と乞われ、後に「主の祈り」と呼ばれるようになった祈りを教えたのでした（マタイ6・9～13）。ここではカトリック教会と聖公会[1]が共同で翻訳したものを用いて、その中味について考えます。

「天におられるわたしたちの父よ、
み名が聖とされますように。
み国が来ますように。

みこころが天に行われるとおり、地にも行われますように。
わたしたちの日ごとの糧を今日もお与えください。わたしたちの罪をおゆるしください。わたしたちも人をゆるします。
わたしたちを誘惑におちいらせず、
悪からお救いください。　アーメン。[2]」

3　イエスの福音に応える

この簡潔な祈りには、「神の国（支配）の到来の福音」を告げられたわたしたちの応えが、祈りの形であらわされており、大きく二つの部分から成り立っています。前半では、「父よ」と親しく呼びかけながら、神がわたしたちになしてくださった救いのわざを認め、賛美し、それがさらに具体化することを願います。後半ではわたしたちの「救い」の根本が嘆願のかたちで示されています。

4　「主の祈り」の前半

先に見たように、イエスは弟子たち（わたしたち）にも遠慮なく神を「父よ」と呼びかけるように招きました。それはイエス自身の神との親しさに、わたしたちもあずからせようとしたからに他なりません。

(1)まず「**天におられるわたしたちの父よ**」という呼びかけに注目しましょう。

「わたしの父よ」ではなく、「わたしたちの父よ」と神に向かって呼びかけるようイエスは教えます。当時の律法主義は、掟を完全に守って自分だけが救いを勝ち取ることに懸命でした。あの金持ちの男のエピソードを思い起こしてください。まさに「わたしの父よ」の世界です。しかし、イエスは「わたしたちの父よ」と祈らせるのです。その背景には父なる神に造られ、神から与えられたいのちに共に結ばれ、互いに助け合って生きなければならない人間存在の真相があります。大いなるいのちにおける互いの連帯――これはイエスの人間理解の根本であり、この「わたしたち」という視点はこの祈りにおいて一貫しています。

わたしたちは「父」という言葉を口にするとき、自分の父親を連想してしまいがちですが、それよりもイエスが「父」というとき何を意味していたかということに注目しなければなりません。イエスの「父」とは何よりもまず、「天地の創造主」である神（ヤーヴェ）でした。この神を「父と呼びなさい」とは、「この方との親しいかかわり」への招きなのです。恐るべき神でも、手の届かない観念としての神でもなく、イエスと同様、きわめて身近で親しい交わりが許される方としてイエスは「神」を紹介したのでした。

「父よ」と呼びかけるわたしたち各自は、根本的に「神のもの」「神に愛される大切な存在」なのです。わたしたち各自は、同じ人間である何者かの所有物でもなければ、会社のモノでも、国家のモノでもありません。わたしたち一人ひとりは、根本的に「父よ」と呼びかけることが許された天地の造り主である「神のもの」なのです。人間各自の尊厳と自由はこの「父なる神」に人格的に結ばれていればこそです。こう考えると神に向かって「父よ」と呼ばせるイエスの真意は、わたしたち人間の本当の姿と神の深い愛を示そうとすることにあると言えましょう。

(2)「み名が聖とされますように」

聖書の世界で、「名」はそれを持つ主体と一体と考えられていました。日本語でも「名は体《たい》をあらわす」と言われるのと同じです。ここでイエスは「父である神さま、あなたが聖とされますように」と、わたしたちに祈らせるのです。

それにしても「聖とされますように」とは面白い表現です。原文の「ハギアゾー」は「神聖にする、神聖なものとして扱う、聖とする」という動詞で、それがここでは受身で使われています。ここでは「神が神としてあがめられますように」という意味です。でも、どうしてイエスはこのように祈らせるのでしょうか。

それは、わたしたち人間が、「神」を自分の願望をかなえてくれる神聖で便利な道具であるかのようにみなしたり、あるいは、自分の主張の正当化のために利用したり、はたまた神の名を勝手に用いて悪事をはたらくことさえあるからです。こんな人間の現実を考えると「み名が聖とされますように」を「神の名が悪用されることがありませんように」と言い換えることができそうです。

さらにこの祈りから次のことも思い当たります。すなわち、有限な存在であるにもかかわらず自分を神であるかのよう妄想し、暴力をもって絶対的な権力を振るう独裁者の存在です。また、科学的探求という美名のもとに人間の尊厳といのちを脅かす研究や実験の暴走、原子エネルギーなど制御できない分野を、人間の力で支配できるかのような思い上がりの現実があります。このような錯覚が、どれほどの惨禍と悲劇を引き起こしてしまうかは、歴史を振り返るとき、あるいは、今日の社会を見るとき容易に納得できることではないでしょうか。

「み名が聖とされますように」と祈り、「神を敬い、神としてあがめる」ということは、人間としての分をきちんとわきまえるということなのです。

(3)「み国が来ますように」

これは、イエスがすべてをかけて告げた「神の支配の福音」、すなわち、わたしたちの真の救いを意図する働きかけが歴史の中で続けられていくようにとの切実な願いです。この願いはさらに「**みこころが天に行われる通り、地にも行われますように**」と繰り返し表明されます。

すでに見たように、わたしたちの救いを引き起こす神の「支配／働きかけ」は、「愛」によって実現されていきます。何よりも先に神の方からさまざまな形で愛が示されます。天地創造を通して、旧約に始まる救いの歴史を通して、そしてイエス・キリストの出現を通して「神の支配」、救いの働きかけがわたしたちにもたらされたのでした。

その上でイエスは今、「み国（＝神の国・神の支配）」が来ますようにと祈らせるのです。それは、この一方的な神の働きかけ（愛）に応えていかなければならないわたしたちへの励ましといえます。

イエスは「神の支配の到来」を告げながら、その実現のために「神と隣人を愛する」ことを訴え続けました。この呼びかけに応えるということは、「神の支配／愛の働きかけ」という恵みに応えるということと一体です。イエスは「み国が来ますように」とわたしたちに祈らせながら、この大事な課題を決して忘れないようにと促すのです。

「主の祈り」には確かに「愛」という言葉は出て来ませんが、しかし、「み国（＝神の国）」の到来の切望には、当然「愛」の課題が前提とされていることを忘れてはなりません。

5 「主の祈りの後半」

後半の祈りで特に注目すべきことは、各祈りの文言に「わたしたち」という言葉が繰り返されていることです。前半では「父なる神に造られ、護られている人間存在」というイエスの思いが示されましたが、後半では「わたしたち」という言葉にそれが託され、あたかも通奏低音のように響いています。

(1)「わたしたちの日ごとの糧を今日もお与えください。」

後半の部分は、生きていくために絶対欠かせない「食物」の願いを父なる神に祈ることで始まります。確かにイエスは荒れ野でサタンから誘惑を受けたとき、旧約聖書の言葉を引用して、「人はパンだけで生きるものではない。神の口から出る一つ一つの言葉で生きる。」(マタイ4・4) と断言し、誘いを退けました。しかし一方、イエスは宣教活動の間、「パンの増加」といわれる不思議なわざをもって、自分について来た大勢の群衆の空腹を満たしたと、各福音書は記しています(マルコ6・30〜44)[3]。

わたしたちの日々の生活を支える「食べ物」は、確かに自然の恵みですが、しかしそれは、究極的には神から与えられる恵みであることを忘れないようにと、イエスは「わたしたちの日毎の糧を今日もお与えください」と祈らせるのです。まさに食物への畏敬と生命の連鎖という根本問題への気づきへの促しがここにあります。「わたしの糧」ではなく「わたしたちの糧」という視点は、今日のグローバル化した世界の中にあってきわめて大切な視点ではないでしょうか。

(2)「わたしたちの罪をおゆるしください。わたしたちも人をゆるします。」

この祈りをもってイエスは「罪のゆるし」を父なる神に願うようにと促します。ここにもあの「相互のゆるし合い」の訴えが、祈りのかたちで繰り返されるのです。わたしたち誰もが弱さをかかえ、互いに傷つけ合ってしまう悲しい現実を抱えています。でも復讐の連鎖が膨れ上がってしまうならば、いったいどういう結果になるか、歴史を振り返れば一目瞭然でありましょう。

ところで、ここで一つ確認しておきたいことがあります。それはここに紹介したカトリック教会と聖公会の共同訳で「罪」と訳されている言葉は、『マタイ福音書』では「負い目／オフェイレーマ」(複数形)が使われており、『ルカ福音書』では「罪／ハマルティア」と「負い目のある人／オフェイロンティ」という両方の言葉が使われているということです。この豊かな表現は「ゆるし」をめぐる大事なことを思い起こさせてくれますので、少々考えてみましょう。

わたしたちは、弱さとか悪意をもって他人を傷つけてしまうことがあります。それは「隣人愛」を訴えるイエスの悲願への背きであり、まさに「罪／ハマルティア(逸脱)」としか言いようがありません。「思い、言葉、行い、怠り」という形をとって隣人を傷つけるこうした「罪」は、まさに「負い目」となってわたしたちを苦しめます。そして見逃してならないのは、この「負い目」がお互いさまだという点です。「和解」に向かって歩み寄ることは、個人としても、社会としても、国家間としても常に問われている課題です。和解なしには平和はありえないからです。

自分は正しくて人を傷つけたことはない、などと誰が言えましょう。イエスは見抜いています。互いに「ゆるし合う」ことによって「負い目」の連鎖を断ち切ることの大切さを。それによって勝ち取る心の自由の大切さを。

しかし一方、「赦す力」は神からいただく恵みなのであって、自分の努力だけによるものではないことを忘れてはなりません。父なる神に向かって「わたしたちの罪をおゆるしください。わたしたちも人をゆるします。」と祈らせるイエスの祈りの言葉は、まさに「ゆるし」の問題は、人間の次元だけで片付くことではなく、父なる神ともかかわる大事な問題であることを示しているのです。

(3)「わたしたちを誘惑におちいらせず」

ここでの「誘惑」とは、いったい何を指しているのでしょうか。また、これに続く「悪からの救い」とは何のことなのでしょうか。

聖書固有の文章技法によると、この部分の「誘惑／ペイラスモス」は、あの冒頭の「天の父よ」と呼びかけた神への信頼と対比していると言われます。そうだとすると、ここでの「誘惑」とは「天の父よ」と呼びかける神への信頼を突き崩す「誘惑」を指しているということが見えてきます。イエスはわたしたちの弱さや限界を十分知っておられました。であればこそ「神も仏もあるものか」と絶望したり、自暴自棄に陥ってしまうようなとんでもない試練にだけは、どうか追い詰めないでくださいと祈らせるのです。

(4)「悪からお救いください。」

日本語訳の「主の祈り」では「悪から」となっていますが、原文（マタイ6・13）では「悪い者／ポネーロス」で、それは「邪悪な意図を持った存在」、すなわち、サタンを指しています。

ところで、イエスご自身が教えた「主の祈り」がこのように「わたしたちを悪い者（誘う者）から解き放ってください」という御父への切なる願いをもって結ばれているのは、実に意味深長なことではないでしょうか。何よりもイエスがこのように祈らせるのは、神に背を向けて独りよがりに生きてしまう愚かさと恐ろしさを、よくご存知だったからに他なりません。イエスは宣教活動の前に、サタンの試練を受けその辛さと危険がどんなものであるかをよく知っていました。（マタイ4・1〜11）

父なる神を拒絶して一度の人生を歩むとすれば、いったいわたしたちはどこに生きる意味と目的を探すことができるのでしょうか。生きる意味と目的も無くさまよう人生など何の価値がありましょう。「わたしたちを誘惑におちいらせず、わたしたちを悪からお救いください」と祈らせるのは、まさに一度の大切な人生を台無しにさせない、イエスの深い愛のあらわれなのです。

コラム13　キリシタン時代の「主の祈り」[4]

ラテン語訳の「主の祈り」は、「Pater noster／パーテルノステル／わたしたちの父よ」で始まります。それを受けてキリシタン時代の「主の祈り」は「ぱあてるのすてる」と言われていました。

「天に御座《まし》ます我等が御親、御名を貴《たふと》まれ給え。
御代《みよ》来り給え。
天にをひて御《ご》おんたあで[5]のまゝなる如く、
地にをいてもあらせ給え。
我等が日々の御養《おんやしな》ひ今日《こんにち》与へたび給へ。
我等より負ひたる人に赦し申す如く、我等負ひ奉る事を赦し給え。
我等をてんたさん[6]に放し玉ふ事なかれ。
我等を凶悪《けうあく》よりのがし給へ。　あめん。」

まとめ

■イエスの福音（＝神の支配の到来）は、「愛すること―赦すこと」の訴えを根本とし、何よりも神が先にわたしたちを「愛し、赦した」ことをイエスは自分の言動をもって示した。
■イエスは自ら教えた祈り（＝主の祈り）で、この福音を祈りの形で要約した。
■そのため、キリストに従う弟子たち（キリスト信者たち）は、この祈りを「主の祈り」と呼んで大事にしてきた。

考えるヒント

■この節を読んで印象に残ったことがありますか。
■「み名が聖とされますように」。今日においても相変わらず神の領域（聖）と人間の領域が混同され、あたかも自分が神であるかのように思いあがる人が絶えません。なぜなのでしょうか。
■「人間の作る宗教」と「本来の宗教」とは、どこが違うと思いますか。
■「食」をめぐって、今日の人類社会は大きな苦悩に陥っています。具体的にどんなことがあげられますか。
■「ゆるし」は、非常に困難な問題です。あなたはこれについて難しさを感じていますか。
■あなたにとって最も大きな「誘惑／誘い」とは、どんなことですか。
■あなたは「サタン」から解き放ってください、という祈りを実感しますか。
■今日のわたしたちの社会における深刻な諸問題、例えば、「いじめ」や「振り込め詐欺《さぎ》」「インターネット上の数々の罠」「人間の尊厳を打ち砕く凶悪な事件」などを考えるとき、「主の祈り」の最後の部分である「わたしたちを誘惑におちいらせず、わたしたちを悪からお救いください」という祈りは、きわめて日常的な現実味を帯びていませんか。

注

（1）**聖公会**　一六世紀の宗教改革の時代、ローマ・カトリック教会から分派した英国教会（Anglican Church）の流れを汲む教会。

（2）**「アーメン」**　ヘブライ語・アラマイ語で「真実に」「確かに」という意味をあらわす言葉。相手に賛同するときや、礼拝集会で祈りに唱和するときに「アーメン」と言った。キリスト信者たちもこの言葉を継承し、ギリシャ語で書かれた新約聖書でも「アーメン」はそのまま残された。

（3）**サタン**　聖書の世界では、神に逆らわせ失望させるために、ああだ、こうだとちょっかいをかけ、人を錯乱させる存在を「サタン」と呼んでいた。事実、イエス自身も砂漠での長い断食の行の果てに「サタン」の誘惑に遭ったと聖書は記している（マタイ4・1〜11、マルコ1・12〜13、ルカ4・1〜13）。

（4）**キリシタン時代の「主の祈り」**　ここに掲げたものは「ドチリナ・キリシタン／Doctrina Christam」（一五九一年に刊行されたカトリック教会の教え入門書）に所収されているもの。『キリシタン書・排耶書』（岩波書店

（5）**おんたあで**　ポルトガル語の「Vontade」で、「神の御旨」の意味。

（6）**てんたさん**　ポルトガル語の「Tentação」で「誘惑、試み」の意味。

第四章

イエスの死と復活

第一節　イエスの宣教活動の終り

1　イエスとユダヤ教当局との激しい対立

1　イエス殺害の企て

先にわたしたちは、イエスが生きた当時のイスラエルの宗教社会を支配していたのは「最高法院（サンヘドリン）」であったと学びました。（三六頁）それはエルサレム神殿の一角に拠点をかまえ、ローマ帝国から自治を許されていたイスラエル民族の中枢機関で、議長の大祭司を含め七一名の議員から成り、サドカイ派とファリサイ派が多数を占め、政教一致の社会を牛耳っていたのでした。

福音書によると、イエスは早くから「最高法院」の関心の的とされ排斥する計画が持ち上がっていたようです（マルコ3・6）。なぜならば、イエスは貧しい人々に「神の国／支配」の到来を福音として告げながら、形がい化した律法主義や神殿祭儀を食い物にして、安楽をむさぼる自分たち支配層を激しくとがめていたからでした。

イエスの方も、自分への弾圧を察知していたようで、ある時から弟子たちに「受難の予告」を打ち明け始めます（マタイ17・22～23など）。イエスに従う弟子たちが大きなショックを受けたことは、言うまでもありません。しかし、「人の子は仕えられるためではなく仕えるために、また、多くの人の身代金として自分の命を献げるために来たのである」（マルコ10・45）というイエスの自覚は、いささかも揺らぐことはありませんでした。

2　エルサレム入城と神殿の浄め

イエスの死から数えて一週間前のこと、イエスは意を決してエルサレム市街に入り「神殿」に直行します。その様子を各福音書はこぞって、イエスは群衆の熱狂的な歓呼歓喜を受けて「子ロバ」に乗ってエルサレムの街に入っていったと印象深く記しています。

ところがユダヤ教の権威のシンボルであった聖なる神殿に着くや、イエスはきわめて乱暴な行動に出たのでした。いわばイエスの唯一無二の暴力沙汰とも言える過激な行動です。

それから、イエスは神殿の境内に入り、そこで売り買いをしていた人々を皆追い出し、両替人の台や鳩を売る者の腰掛けを倒された。そして言われた。「こう書いてある。『わたしの家は、祈りの家と呼ばれるべきである。』ところが、あなたたちはそれを強盗の巣にしている。」（マタイ21・12〜13）

まさに神殿の境内で暴れまわるイエスの行動は、神への本来の信仰から人々を遠ざけていた、ユダヤ教当局の腐敗とかたくなさに対する体当りの挑戦でした。それが今、ユダヤ教の本山でなされたのです。こともあろうに聖なる神殿を「強盗の巣にした」と激しく糾弾しながら乱暴狼藉《ろうぜき》を働くイエスの挑戦に、最高法院は衝撃を受け、すぐさまイエスを殺害する計画が練られます。

2　最後の晩餐

1　最後の晩餐

皆さんは、「最後の晩餐」という絵画をご存知でしょう。レオナルド・ダ・ヴィンチ（一四五二〜一五一九）のそれがあまりにも有名ですが、彼だけではなく多くの画家たちが「最後の晩餐」

を手がけています。

「最後の晩餐」とは、文字通り最後になってしまった晩餐のことで、イエスにとっては死の直前に弟子たちと共にした食事のことです。でも、なぜ多くの画家たちがこの場面にインスピレーションを得、渾身の力で描いたのでしょうか。きっと大事な理由があるにちがいありません。そのことについてこれから一緒に考えてみましょう。

2 過ぎ越し祭の食事

毎年祝われるイスラエル民族の幾つかの祭りの中で、最大のものは「過ぎ越し祭」と呼ばれる祭りでした。ユダヤ教の正月（ニサンの月）の一五日から七日間続くこの祭事は、遠い昔、先祖たちが体験した「エジプトからの解放／脱出」を盛大に祝う祭りです。イスラエル民族の信仰の土台となった「神の介入による解放」を、喜びのうちに感謝し記念する民族的な祭事——それが「過ぎ越し祭」でした。

過ぎ越し祭のはじめの二日間、各家庭では厳格な式次第にのっとって晩餐式がなされます。家長はなぜ過ぎ越し祭を祝うのか、その理由を子どもたちに説明し、祈りと聖書朗読を交えながら食事を進めていきます。

3 最後の晩餐は「過ぎ越し祭の食事」

イエスにとって文字通り最後となった弟子たちとの晩餐とは、実はこの過ぎ越し祭の食事だったのです。「最後の晩餐」を理解する上で、これはとても大切なことです。神の介入によって「エジプトでの奴隷状態から解放されたこと」を祝う、この厳粛な食事の中でイエスは、次のように弟子たちに言い残したと福音書は記しています。ここでは『ルカ福音書』の記述を紹介します。

「それから、イエスはパンを取り、感謝の祈りを唱えて、それを裂き、使徒たちに与えて言われた。『これは、あなたがたのために与えられるわたしの体である。わたしの記念としてこのように行いなさい。』食事を終えてから、杯も同じようにして言われた。『この杯は、あなたがたのために流される、わたしの血による新しい契約である。』」（ルカ22・19〜20）

コラム14　過ぎ越し祭の食事

共観福音書によると、イエスは意図的に「過ぎ越し祭」に合わせて都エルサレムに入り、月曜日（ニサンの月／正月の一一日）から水曜日（ニサンの月一三日）の三日間を、サンヘドリンとの論争に費やしました（マルコ11・27、13・37、マタイ21・23〜25、ルカ20・1、21、38）。

ところが『ヨハネ福音書』だけは独自の神学的立場から、「最後の晩餐」を過ぎ越し祭の食事とせず、一日早めて扱っています（13・1、18・28）。本稿では共観福音書の立場を採用しますが、その理由として、「最後の晩餐」が祝祭的な食事であったこと、またイエスが自分の死を十分予感しながら最後の食事を行ったことは否定できないからです。

4　「苦しみを受ける前に」

『ルカ福音書』はイエスが最後の晩餐の開始を、「苦しみを受ける前に、あなたがたと共にこの過越の食事をしたいと、わたしは切に願っていた」(22・15)と記しています。この言葉からすると、イエスは何か重大なことを覚悟しており、それを今、弟子たちと共にする「過ぎ越し祭の食事」の場で伝えようとしたのでした。それを「苦しみを受ける前に」と言うのです。

ところで、イエスは弟子たちと宣教活動を展開していた間、きわめて衝撃的なことを幾度か弟子たちに打ち明けていました。マルコは次のように記しています。

「それからイエスは、人の子は必ず多くの苦しみを受け、長老、祭司長、律法学者たちから排斥されて殺され、三日の後に復活することになっている、と弟子たちに教え始められた。しかも、そのことをはっきりとお話しになった。」(マルコ8・31〜32)

長老、祭司長、律法学者たちとは、当時のユダヤ教社会を牛耳っていた支配者層のことです。イエスは今や、包み隠さず自分の結末を弟子たちに打ち明けます。これを聞いて弟子の頭であるペトロが「イエスをわきへお連れして、いさめ始めた」(マルコ8・32)のも無理からぬことでした。どの弟子にとっても、敬愛してやまない自分たちの師が悲惨な最期を遂げるなどとは、考えられないことだったからです。

それだけではありません。イエスは自分が殺されるだけでなく「復活する」と言うのです。いったい何のことなのか、恐ろしさと不可解が入り混じり、弟子たちの目にはイエスという存在がますます謎めいたものとして映ったのでした。

5　最後の晩餐でイエスが言い残したこと

さて、緊張に満ちた過ぎ越し祭の食事の席で、イエスが弟子たちに言い残したことを次のようにまとめることができます[1]。

(1)まず、イエスがパンを取り、感謝の祈りを唱えて、それを裂き、使徒たちに与えて「取って食べなさい。これは、あなたがたのために与えられるわたしの体である」と言われたこと。

(2)次に、食事を終えてから、杯も同じようにして「この杯から飲みなさい。この杯は、あなたがたのために流される、わたしの血による新しい契約である」と言われたこと。

(3)最後に「わたしの記念としてこのように行いなさい」と命じられたこと。

以下、これらの点に示されたイエスの心のうちを味わってみましょう。最後の言葉だけに、その心が何であったのかを真摯に受け止めなければなりません。それは「キリスト教信仰」の真髄にもかかわることであるからです。

6「あなたがたのために与えられるわたしの体である」

イエスは最後の晩餐の席で、パンを取り、感謝の祈りを唱えて、それを裂き、使徒たちに与えて「これは、あなたがたのために与えられるわたしの体である」と言われました。このことについて考えてみます。

「パンを取り、感謝の祈りを唱えて、それを裂き、与える」という仕草はまさに「過ぎ越しの食事」を行う際のユダヤ教の厳格なしきたりを示しています。何よりも「感謝の祈り／ベラカー（ヘブライ語）」を唱えながら食事がなされた以上、イエスは明らかに「過ぎ越し祭」の喜びのうちに弟子たちと食事をしたのでした。

しかし、注目したいのは、この先祖伝来の「解放」を祝う食事で食される「パン」を取りながら、イエスが「これは、あなたがたのために与えられるわたしの体である」と言った点です。手に取ってちぎり、弟子たちに与える「パン」を「わたしの体／ソーマ（ギリシャ語）」というのです。

理解を深めるために

「からだ／体」ということ

わたしたちは、今日「わたしのからだ」というとき、ふつう自分の生物学的な身体のことを指します。「身体《からだ》がだるい、身体の調子がいい、身体を傷つける」など医学的な対象となる「からだ」のことです。

しかし、聖書の世界では「体／ソーマ／σῶμα」というとき、いわゆる「身体」とか「肉体」を指すだけでなく「その人自身」をも意味していることに注目しなければなりません。具体的な身体という形をもってそこに存在するその人自身ということです。

日本語でも「身の程を知る、身につまされる、身に覚えがある、身を献げる、人の身になって痛みを知る」「わたしの身にもなって」など、「身」をめぐる非常に豊かな表現があります。この場合の「身」とは、いわば生物学的な「からだ」をもって今・ここに確かに存在している「その人自身（＝人格）」を指しています。そうすると、日本語の「身」とは、今触れた聖書の「ソーマ」とほぼ重なると理解できます。

ところでイエスは今、最後の晩餐でパンを取って祝福し「あなたがたのために差し出すこのパンは、わたしのからだ／ソーマである」と言うのです。ここで「体《からだ》」と訳された聖書の原語は「ソーマ」で、イエスは今、パンという具体的な姿・形を用いて、わたし自身であると言うのです。イエスのこのような断言の底には「私はあなたたち（＝弟子たち）と共にいる」というイエスの強い意思が、みなぎっていることを見落としてはなりません。

7「あなたがたのために与えられる」

イエスが「パン」を手にして「取って食べなさい。これは、あなたがたのために与えられるわたしの体である」というとき、「これは私自身である、引き裂かれ、食されるパンとして私はあなたたちと共にいる」と宣言しているのです。

しかも、イエスは自分自身を「仕えられるためではなく仕えるために、また、多くの人の身代金として自分の命を献げるために来た」（マルコ10・45）と自分の使命を宣言していました。

今、イエスはパンに託して自分を差し出し「あなたがたのために与えられるわたしの体（ソーマ）である」というとき、まさに「パン」の形をとっていのちを与える自分自身と言っているのです。

イエスの一貫した自己理解と使命は、このような「神による解放（＝過ぎ越し祭）」を祝う席において、パンに託して自分を与え尽くす形をもって示されたのでした。自分を「いのちの糧」として与えることと、「神による贖い／解放のわざ」はイエスにおいては一つのことでした。

コラム15　「いのちの糧」であるイエス自身

パンはいのちをつなぐ糧です。『ヨハネ福音書』は、この視点から最後の晩餐で「取って食べなさい。これはわたしの体である」と言って差し出されたパンの奥義を深く洞察し、それを噛み砕いて見事に説き明かしています。

すなわち、『ヨハネ福音書』の第六章で、イエスの宣教活動中になされた「パンの増加の奇跡」の出来事をきっかけに、福音記者ヨハネは、最後の晩餐に起源をもつ「聖体祭儀」の意味をていねいに説き明かします。そこでは、差し出されるパンは、空腹を満たす単なるパンなのではなく、永遠のいのちにあずからせる「神の子イエスそのもの」であることを繰り返し強調します。後に述べるように、キリスト教の起源以来のカトリック教会、東方教会が「聖体祭儀／ミサ聖祭」をきわめて大事にしてきたのは、まさにこうした理由によるものなのです。

8 「あなたがたのために流される、わたしの血による新しい契約」

(1)最後の晩餐におけるイエスの二番目の言葉について、考えてみます。「食事を終えてから、杯も同じようにして」とありますが、これも「過ぎ越し祭の食事」を連想させる記述です。「同じようにして」とはパンを取って裂いたときのように「感謝の祈り（ベラカー）を唱えて」ということで、「神の介入による解放のみわざ」への感謝と賛美をあらわしています。

(2)ここで注目したいことは、イエスが杯を取りながら「この杯は、あなたがたのために流される、わたしの血による新しい契約である」と言われたことです。イエスは、自分が受ける受難と十字架刑を見越していたのでしょう。それを先取りして、イエスはぶどう酒の満ちた杯を取って「この杯は、あなたがたのために流される、わたしの血による新しい契約」と言うのです。

(3)イスラエル人にとって「血」はいのちそのものでした。この感覚はわたしたちの日本文化においても同じです。「血を流す」と言えば、いのちと生存にかかわる重大な出来事を意味し、「血筋」と言えば、いのちの具体的な連鎖を意味しています。

(4)「あなたがたのために流される血」も「あなたがたのために与えられるわたしの体」も、ともにあのイエスの自分の全存在をかけて遂行しようとする使命、すなわち、「贖い」に身を献げる確固とした意志表明なのです。

(5)それにしても「あなたがたのために流される、わたしの血による新しい契約」とは、どのようなことなのでしょうか。

聖書には「契約」という言葉がしきりに出て来ます。そもそも聖書は大きく「旧約聖書」と「新約聖書」の二部から成り立っていると前に言いましたが、「旧約」「新約」という言葉自体、「旧い契約」「新しい契約」の略語に他なりません。とするならいったい聖書における「契約」とは何を意味しているのでしょうか。この点は「聖書」信仰、特に「キリスト教」を理解する上できわめて大事なことだと言わなければなりません。以下に記した「理解を深めるために」で、この点を学んでみてください。

理解を深めるために

聖書における「契約」とは

「契約」というとき、何を思い浮かべるでしょうか。ふつうそれは互いに責任を負い合う対等な商業取引の約束を意味しますが、しかし、聖書で「契約」というときそれとは違う意味で使われます。

「契約」を意味するヘブライ語の「ベリート」、ギリシャ語の「ディアセーケ」は、確かに人間同士の同意をもって「約束」とそれにともなう「義務や責任」を含む信頼（信用）関係を指しますが、しかし、神と人間は対等ではないため、人間同士のこの行為をそのまま「神と人間」の関係にあてはめることはできません。それでも聖書の民は、この人間の信頼関係を示す「契約」という語をもって、神とのかかわりをあえて表現しました。これは、日本の宗教文化には見られない聖書固有の発想と言葉づかいと言えましょう。

ところで、聖書における「契約信仰」とは、どのようなことなのでしょうか。神（ヤーヴェ）が自発的に（一方的に）人間にかかわり、真の救いの道筋を示し、いわば「救いの歴史」を共にしてくださった――これが、イスラエルの民が「選民思想」をもって確信し続けてきた独特の神信仰です。

すなわち、神は自分たちと「契約」を結んでくださった。「血（＝いのち）」を媒介にして自分たち（イスラエルの民）と契りを結ぶ神の望み（＝掟）にしたがって生きるとき、自分たちは繁栄を得、神の祝福に満たされるということです。そのためイスラエル民族は、自分たちの生活の糧であった大切な動物を神に献げ、その血をもって神との「契り」を繰り返したのでした。

ここでもう一度確認したいことは、この「契り」はあくまで神の方からの自発性によるもので、人間はそれを恵みとして受け入れ、忠実に応えていく課題を負うという点です。したがって、わたしたちが普段使う「契約」とはその意味合いがずいぶん違うのです。

(6)こうした背景をもとに、イエスは最後の晩餐の席で「あなたがたのために流される、わたしの血による新しい契約」と断言したのでした。

イエスは「あなたがたのために流される血」と言って、自分自身のいのちを差し出し、「贖い／解放」を達成しようとします。すなわち、罪の束縛（＝自己本位、愛のなさ、隣人の苦しみに対する無関心など）からわたしたちを解き放つために、自らを身代金として差し出すのです。しかもイエスはこの贖いのわざを「わたしの血による新しい契約」と言って、流される自分の血（いのち）をもって「新しい契り」を結ぼうとします。これまでイスラエルの民の歴史において、いけにえとして献げられた家畜や動物の血をもって何度も繰り返されてきた「契り」とはまったく違う「新しい契約」であると明確に断言します。

コラム16　「見よ、神の小羊を」

キリスト教美術ではよく「小羊」が描かれているのをご存知ですか。また、キリスト教圏では「小羊」を意味するラテン語の「アニュス／agnus」が「アグネス」と訛って、名前としてよく使われていますが、それはここで問題にしている「イエスの贖いの恵み」という信仰を背景にしてのことなのです。

『ヨハネ福音書』はイエスの本質を無垢な「神の小羊」と表現しました。洗礼者ヨハネは、「見よ、神の小羊を」（ヨハネ1・36）と言って自分の弟子たちにイエスを紹介します。それは、これまでしばしば見てきた「人の子（わたし）が来たのは、多くの人の身代金（贖い）として、自分の命を献げるためである」（マルコ10・45）というイエスの自覚と使命を『ヨハネ福音書』なりに言い換えたものと言えます。

旧約聖書によれば、エジプト脱出の際、イスラエルの民は急いで小羊を屠り、腹ごしらえをして旅支度をする一方、その血を家の戸口に塗りました。自分の民・イスラエルを長年にわたって奴隷として抑圧し続けた神の怒りが、今や全エジプトを襲おうとしますが、戸口が小羊の血で塗られた家々にはその罰が過ぎ越したと、聖書は記しています（出エジプト12・3〜14、21〜27）。この出来事に加え、モーセに導かれて無事紅海を渡り抜いたことを、神の介入による「解放」の出来事として、後にイスラエルの民は、感謝のうちにこれを盛大に祝いました。これが「過ぎ越し祭」と呼ばれたイスラエルの民の最大の祭りなのです。

この祭りの中心にはいけにえにされる「小羊」が登場しますが、真の解放（救い）をもたらしたイエス・キリストこそこの「小羊」なのだ――この洞察があの洗礼者ヨハネの「見よ、神の小羊を」という叫びに表れているのです。

ちなみに、ミサ聖祭の後半の頂点をなす「聖体拝領／コンムニオ」(後述)の直前で、「神の小羊、世の罪を除きたもう主よ、われらを憐れみたまえ」という祈りが繰り返されますが、それはこの「見よ、神の小羊を」という洗礼者ヨハネの言葉に由来するものです。

9 キリスト教の根本をなす「新約信仰」

イエスのこの「新しい契約」という言葉にもとづいて、キリスト教は「新約」「旧約」という言い方をするようになりました。すなわち、イスラエルの民において繰り返されてきた「家畜や動物」の血をもってなされた神との契りを「旧約(旧い契約)」と呼び、イエス・キリストの血をもってなされた神との契りを「新約(新しい契約)」と呼びます。「旧約」は「新約」の下準備であり、最後の晩餐におけるイエス・キリストの「新しい契約(新約)」という宣言をもって「旧い契約(旧約)」は完成を見たというのが、キリスト教信仰です。

10 なぜイエスの「新しい契約」が神との契約となるのか

以上、最後の晩餐の席でイエスが弟子たちに言い渡した大事な言葉とその意味について述べてきました。要約すればイエスの思いと確信は次のようになるでしょう。

(1) イエスが神を「アッバ／父」として紹介したということは、あの「放蕩息子のたとえ話」が雄弁に物語るように、神たる御者は罪を赦す方だということである。

(2) 自分が神から遣わされた者と自覚していたイエスは、父なる神が「罪を赦す方」であることを証しするために自発的に自分のいのちを献げようとした。

(3)最後の晩餐におけるイエスの「新しい契約」とは、イエスが自分自身を与え尽くすことによってなし遂げられる「罪のゆるし」「罪の束縛からの解放」であり、父なる神との恵みに満ちた絆である。この恵みは、神から遣わされたイエス自身の痛みをともなう愛によって勝ち取られていく。

こうしたイエスの思いと覚悟は、最後の晩餐の後にイエスが巻き込まれていく受難と十字架の死という出来事によって具体的に展開していきました。まさに、イエスの「新しい契約」が、すさまじい重みをもって達成されていく出来事です。

11「これをわたしの記念として行いなさい」

最後の晩餐の席におけるイエスの一連の言葉をともなった行いは、後に「ミサ聖祭」と呼ばれる礼拝祭儀の中心となり、キリスト信者たちの交流と一致の源泉になります（この点については後述）。それは「これをわたしの記念として行いなさい」というイエスの命令に起源を持つのです。

聖書の原文を直訳すると「このこと（複数形）をあなたたちは行いなさい　わたしの記念のために」となります。「このこと」とは最後の晩餐で、パンとぶどう酒を取って言葉を発しながらなしたイエスの所作を指しています。「行いなさい」とは弟子であるあなたたちに向けられた命令です。しかも「わたしの記念のために」と言って、イエスはこの命令の動機と目的をはっきりと表します。

過ぎ越しの奥義を祝う晩餐の席で「パンとぶどう酒」を手にしてなされた命令でした。これまでたどってきたことと重ねると、「わたしの記念」とは明らかに贖いのわざを遂行する「このわたし」、「わたしが父なる神のみ旨としてなし遂げる贖いのわざ」を意味しています。イエスはまもなく引き起こされる受難と十字架の苦しみと、それに自分自身を献げ切る出来事を予測していたのでしょう。それにしても「わたしの記念」を弟子たちに命じるイエスの心意気にはすさまじいものがあります。まさにイエスの「悲願」がここに示されました。

聖書における神理解

理解を深めるために

わたしたち人間が「神」と呼ぶ大いなる存在は、漠然とした「原理」や超越的な働きかけとしてあるのではなく、人間存在に対して具体的な「約束」というかたちでせまってくる御者である——これが聖書における「神」理解の根本です。呼びかけ、招いてくる御者、わたしたち人間の応えを求めてくる御者。これは聖書の「神理解／神観」の基本です。

西行（一一一八～一一九〇）が伊勢神宮に詣でたときに歌ったと言われる有名な和歌があります。

「なにごとのおわしますかは知らねども　かたじけなさに涙こぼるる」

静かに圧倒的な気配をもってこのちっぽけな自分に迫ってくる名状しがたい「何ものか」、それを全身で感じるわたしは、ただただ心打ち震え、涙するしかないことよ。詩人西行の素直なこころを見事に吐露した素晴らしい歌です。恐らく「神体験／超越体験」の根本はこのようなことを言うのでしょう。

しかし、聖書の世界ではこの名状しがたい何かをさらに「語りかけてくる御者」、「人間の行き詰まりを打開しようと、出来事を通して呼びかけ、力強く導く御者」と見なすのです。「神」を漠然と捉えるのではなく、もっとはっきりと人間にかかわってくる「生きた存在」

とするイメージがここにあります。

　ちなみに旧約聖書は、イスラエルの民が使っていたヘブライ語で書かれています。それによると、「神」は「YHWH」[2]と表記されて「ヤハウェ／ヤーヴェ」と発音されていたというのが、今日の学者たちの定説です。その意味は「ありありと目の前に在るもの」という理解です。それはモーセが神に名前を問うたところ神は「わたしはある。わたしはあるという者だ。」（出エジプト3・14）とご自分を啓示したことに由来します[3]。

　もう一つ、聖書の「神」理解の根本には、この「存在そのもの」であるこの方は、天地万物の造り主であるという確信があります。人間にとって絶対的な他者（同等でない御者）が、わたしたち人間を造り、支え、呼びかけて導くというのです。西行の歌に詠まれたように、確かにこの御者は「名状しがたい」存在であるゆえに、人間が名前を付けて都合のいいように操作できる対象でもなく、人間との境目があやふやな存在でもありません。そうではなく、人間を含め森羅万象の創造主でありながら、はるかに超越する方であるという理解です。

　この神が、造られたわたしたち人間を含めすべての存在に力強くかかわっているのです。特にわたしたち人間に求められているのは、神のみこころを求め、その呼びかけに応えることだと、聖書の民は理解しました。

　そしてこのような神をイエスが「父」と親しく呼び、わたしたちにもそう呼ぶように招いたことは、すでに述べた通りです。

まとめ

■イエスが弟子たちと共にした「最後の晩餐」は、奴隷状態からの解放を祝うユダヤ教の最大の祭りである「過ぎ越し祭」の食事であった。イエスは自分が受難に遭うことを予知し、この食事を切望していたと弟子たちに打ち明けた。

■最後の晩餐となってしまった食事の席で、イエスはパンを取り、感謝の祈りを唱えて、それを裂き、弟子たちに与えて「これは、あなたがたのために与えられるわたしの体である」と言われた。さらに、イエスはぶどう酒の杯を取りながら「この杯は、あなたがたのために流される、わたしの血による新しい契約である」と言われた。「あなたがたのために流される血」も「あなたがたのために与えられるわたしの体」も、共にイエスの使命、すなわち「贖い」に身を献げる確固とした意志表明である。

■イエス・キリストの血によってなされた神との契りを「新約（新しい契約）」と呼ぶ。イエス・キリストの「新しい契約（新約）」という宣言をもって「旧い契約（旧約）」は完成を見たというのが、キリスト教信仰の根本である。

考えるヒント

■この節を読んで印象に残ったことがありますか。

■あなたは「最後の晩餐」についてどのように考えてきましたか。

■イエスが「パンとぶどう酒」をもって、自分の「贖いの使命」を表し「これをわたしの記念として行いなさい」と言い残していったことを、どう思いますか。

■死を賭して、自分を与え尽くそうとするイエスの思いが、あなた自身ともかかわることだと思いますか。

■日本の音楽愛好家はさまざまなミサ曲を鑑賞したり歌ったりしていますが、「ミサ」とは「わたしの記念として行いなさい」と命じた最後の晩餐の再現であることを知っていましたか。なぜ、東方教会とカトリック教会は「ミサ」にこだわり続けるのでしょうか。

■イエスは、「過ぎ越し祭の食事」に新しい意味づけをしたのですが、それはどういうことなのでしょうか。「ミサ」を行うことなしにキリストの教会が成り立たない、とはなぜなのでしょうか。

注

(1) **最後の晩餐でのイエスの言葉**　マタイ、マルコ、ルカの各福音書は、「主の晩餐の制定」と呼ばれる記事を扱っているものの、詳細な部分では多少違っている。一方、パウロの『コリントの信徒への手紙』にも同じような記述が載っている（第一コリント11・23〜25）が、こちらの方はすでに祭儀として定着したものとして、より整えられた文言となっている。ここではパウロが記してくれた「イエスの言葉」も参照する。

(2) **「YHWH」について**　「YHWH」は、ヘブライ語のアルファベット文字を、わたしたちがふだん使っているローマ字に置き換えたものである。ヘブライ語のアルファベット文字には母音を表す文字がないため、子音で表された「YHWH」がどのように発音するのか分からなくなっていた。それはユダヤ人の敬虔さが昂じて神の名を口にするのは恐れ多いということで、長い間それを発音せず、その代わりに「アドナイ／主」と言い換えていたからである。近年の研究では「YHWH」は、「ヤハウェ」あるいは、「ヤーヴェ」と発音されたというのが学者間の通説となっている。

(3) **神の名である「わたしはある」**　神の自己啓示とされる「わたしはある（エーイェ）」は、抽象的・存在論的に捉えるのではなく、もっと生きいきと実存的に捉えなければならない。日本語では「在る」と「居る」を区別するが、聖書の言葉であるヘブライ語やギリシャ語、そしてその後に生まれた印欧語系の言語にはこの区別がなく、「在る」と「居る」を同じ語で示している。しかし、「わたしはある。わたしはあるという者だ。」を「わたしは居る。わたしは居るという者だ。」と日本語的に表現してみると、この啓示の本来の意味が明確になってくる。「居る」という場合、それは自分以外の誰かと共にあることである。今、神はモーセに「わたしは居る者」と言いながら、引き続いて自分を「あなたたちの先祖の神、アブラハムの神、イサクの神、ヤコブの神である主」と告げている。明らかに、あなたたちの先祖ともアブラハムとも、イサクやヤコブとも共に居続け、歩みを共にした者という自己紹介である。『出エジプト記』3・12では端的に「わたしは必ずあなたと共にいる」と神は断言する。こうしたことを踏まえて、旧約の民は神を「インマヌエル／我らと共にいる神」と告白し続けた。そしてこのような「神理解」はイエスにおいて頂点に達する。イエスが神を「アッバ／父よ」と呼ばせるのも「共に居る神」「寄り添う神」を自ら体験し、そこにわれわれも参加させようとしたからである。そして昇天の際に復活したイエスは「世の終りまで、いつもあなたたちと共にいる」（マタイ28・20）と言い残していくのである。なお、『ヨハネ福音書』は一貫して「人間と共に居る神」「イエス・キリストにおいて人間に寄り添う神」を主題として展開している。

第二節　イエスの受難と十字架の死

1　福音書はイエスの受難と十字架の死を記す

新約聖書には「四つの福音書」があることについてはすでに述べた通りですが、注目すべきことは、どの福音書も最後の晩餐の後にイエスが遭遇した「受難と十字架の死」について、詳しく記述しているということです。普通、自分たちの運動や団体の創始者については華やかに書き記して後代に伝えるものですが、福音書ではそうではありません。

イエスの受難と十字架の死の出来事は、それを伝えられる側にしてみれば決して好ましいものではありません。まして、当時の人々にとって「十字架刑」は身の毛もよだつ最もむごい刑でした。そのため、キリスト教の創始者とも言えるイエスがそれを受けたとなると、ただ事ではなかったはずです。恥と躓き以外の何ものでもなかったからです。

それでも、各福音書はイエスの受難と十字架刑について、かなりのページを割いて切々と述べています。いったい、これはどうしたことなのでしょう。しかも、このことはその後のキリスト信者にとって、きわめて大事なこととして、今日に至るまで公の礼拝の場で読み継がれているのです。皆さんもよくご存知のバッハ（一六八五～一七五〇）が、彼の最高傑作『マタイ受難曲』を生み出したのも、その実りの一つです。

それならば、どうして「福音書」を生み出したイエスの弟子たちをはじめ、最初のキリスト信者たちは「イエスの受難と十字架の死」の出来事を世間体をはばかることなく、これほどまで大事にし、それを書き留めたのでしょうか。

2　十字架刑の判決

最後の晩餐の後、イエスとその弟子たちは「ゲッセマネの園」[1]に向かい、イエスはそこで迫り来る試練を前にしてひどく悶えたと各福音書は記しています。そして、悲しいことに自分が選んだ一二弟子の一人、ユダがイエスを裏切ってしまいます。彼はユダヤ教当局が差し回した一団を誘導して、イエスの逮捕を手伝ったのでした。

その後、イエスはユダヤの最高法院[2]で死罪の宣告を受け、エルサレムに上京していた領主ヘロデ・アンティパスの前に連れていかれ、そしてローマ皇帝の名代・総督ピラトの裁判を受けるべく、彼の前に引き出されます。

当時、ローマの支配下にあったユダヤ人社会は、それなりの自治権を認められていたのですが、死刑執行の権限は取り上げられていました。そのためイエスを亡き者にしようと死罪を宣告したものの、ユダヤ教当局者たちは、イエスの死刑執行をローマ側に願わなければならなかったのです。

ローマ法に照らし合わせた場合、イエスには何の罪もないと判断した総督ピラトは、死刑を要求するユダヤ教側の要求にとまどいます。しかし、祭司長や長老たちに扇動された群衆が、「十字架につけろ」と激しく叫び続け、今にも暴動が起こりそうな気配を察知したピラトは進退きわまり、不本意ながらイエスを政治犯として十字架刑に処する決定を下しました（マタイ27・15～26、ルカ23・13～25）。ピラトが一番恐れたのは、自分の出世をはばむ群衆だったようです。

ローマ側が公認していた領主ヘロデ・アンティパスに代わり、イエスは自ら「ユダヤ人の王だ」と称し、「神の国」の樹立を訴えて群衆を扇動してローマ皇帝に逆らったというのが判決の理由でした。

「神の支配の到来」を告げて愛とゆるしを訴えながら、当時の形がい化したユダヤ教と抑圧的な律法主義を激しく糾弾したイエスでした。そのため多くの貧しい人々がイエスに信従したのは当然の成り行きでしたが、イエスは一度たりとも自分がユダヤ人の王であると宣言したことはなかったのです。

今や、ユダヤ教当局側が巧妙に仕組んだ画策に、イエスもピラトもはめられたと言えます。

3　十字架刑を受けるイエス

十字架刑は、当時最も残酷な刑罰で、反逆奴隷や重大な政治犯に適応されたいわば恐怖をあおる「みせしめ」の刑でした。イエスは今やこの刑に処せられることになります。『ヨハネ福音書』は、イエスの罪状書きには「ナザレのイエス、ユダヤ人の王[3]」と書かれていたと記しています。これを見てユダヤ教当局者たちが「ユダヤ人の王と自称した」と書き換えるよう、ピラトに激しく抗議したものの、ピラトはそれをはねつけます。ピラトにしてみれば、イエスの処刑をめぐって自分がユダヤ教当局者たちにはめられたことに腹を立てたからでありましょう。

当時の慣習では、十字架刑を宣告された者は、街中を十字架を担いで引きずりまわされ愚弄されたあげく、エルサレム城外のゴルゴタという刑場で十字架にはりつけにされました。

4　十字架での最後の言葉

つい最近まで人々に慕われていたイエスは、今や十字架にはりつけにされて激しい苦痛の中で耐えがたい恥辱を受け、人々の嘲笑を浴びるさらし者にされてしまいました。「十字架から降りて自分を救ってみろ。（中略）他人は救ったのに、自分は救えない。メシア、イスラエルの王、今すぐ十字架から降りるがいい。それを見たら、信じてやろう。」（マルコ15・30〜32）イエスへの侮辱はさんざんです。しかし、『ルカ福音書』は、イエスが辱めと苦しみの中で「父よ、彼らをお赦しください。自分が何をしているのか知らないのです」（23・34）と祈ったと記しています。人々に「ゆるし」を説いて廻ったイエスの最後の祈りには、罪を赦し、憎しみや闇からの解放を願う、はかりしれない愛が露呈しています。まさに「人の子（＝私）は多くの人の身代金として自分の命を献げるために来た」（マルコ10・45）という「贖いの使命」を全うする言葉です。

そしてついにイエスは、「わが神、わが神、なぜわたしをお見捨てになったのですか[4]」（マルコ15・34）と叫んで息絶えたのでした。絶望のきわみともいえるこの切ない叫びは、イスラエル人が大切にしていた『詩編[5]』の二二番目の祈りの冒頭の言葉です。激しい苦悩の叫びで始まるこの祈りは、最後にはすべてを神にゆだねる全き信頼で結ばれます。まさに十字架上のイエスの思いを垣間見させてくれる祈りだったといえましょう。

コラム17 「十字架の道行」

カトリック教会では中世以来、「十字架の道行」と呼ばれるイエスの死刑判決、受難と十字架刑、埋葬に至るまでの経緯が絵画や彫刻であらわされ、聖堂内に飾られる習慣があります。これもイエスの苦しみの重大な意味を忘れないようにする一つの工夫なのです。

5 イエス墓に葬られる

十字架上で死去したイエスは、近くの墓に仮埋葬されました。ユダヤ人にとって、土曜日は聖なる「安息日」とされ、一切の労働が許されていません。日没をもって一日が終るとされていたため、安息日の迫る金曜の午後は、限られた時間しかありませんでした。そのため、イエスの遺体は墓に仮埋葬されます。正式な埋葬は、安息日明けの日曜日（＝当時は「週の初めの日」と呼ばれた）の明け方まで待たなければなりませんでした。

このようにイエスのなきがらは、悲嘆とあわただしさの中で、近くの墓に葬られたのです。深い悲しみと空虚感が人々の心をしめつけていました。イエスの宣教もあの行動も、すべては空しく終ってしまったからです。

まとめ

■各福音書は、イエスの受難と十字架の死をきわめて大事なこととして、克明に記している。
■イエスはユダヤ人の最高法院では神を冒瀆したかどで死罪の宣告を受け、さらにローマ総督ピラトの法廷では政治犯として十字架刑を言い渡された。
■安息日が迫る金曜の夕方、イエスは近くの墓に埋葬された。

考えるヒント

■この節を読んで印象に残ったことがありますか。
■ユダヤ教の支配層は、なぜこれほどまでにして、イエスを亡き者にしようとしなければならなかったのでしょうか。
■福音書によると、イエスは最高法院でもピラトの法廷でも自己弁明を全くしなかった、とあります。なぜだったのでしょうか。
■弟子たちは皆逃げ去り、今まで教えを聞きに集まった多くの群衆も誰一人悲しんで付き従う者はありませんでした。まさに敗北です。生きる勇気と希望を人々に与え続けてきたイエスの最後はあまりにも惨めだったと言えるのではないでしょうか。

注

（1）**ゲッセマネの園**　ゲッセマネとは「オリーブの油搾り」の意味。

（2）**最高法院（サンヘドリン）**　ユダヤ人社会の自治機関で、イエスの時代には大祭司を頭に七一人の議員で構成されていた。司法・行政、ユダヤ教の律法に関して決定権をもち、ユダヤ教社会の中枢をなしていた。

（3）**イエスの罪状書**　『ヨハネ福音書』19・19～22。十字架像の上部に「INRI」と書かれた罪状が掲げてあるが、それはラテン語で書かれた言葉、「Iesus（イエス）Nazarenus（ナザレの）Rex（王）Iudeorum（ユダヤ人の）」の略で、四つの単語のイニシアルを並べたものである。

（4）**十字架上での叫び**　イエスのこの叫びは『マルコ福音書』ではイエスが使っていたアラマイ語で「エロイ、エロイ、レマ、サバクタニ」と記されている。一方、『マタイ福音書』ではヘブライ語で「エリ、エリ、レマ、サバクタニ」と記されている。

（5）『**詩編**』　古代イスラエルの宗教詩を一五〇編収録した信仰文書で、賛美、嘆き、信頼、知恵、巡礼歌や感謝の歌など多岐にわたる内容を含む。

第三節　イエスは復活された

1　「イースター」とは

日本ではキリスト教の祝祭というとまず「クリスマス」を思い浮かべるのがふつうです。しかし、キリスト信者たちは、それ以上に「イースター／復活祭(1)」を重視していることをご存知ですか。なぜなら、イエスの「復活」がなかったらキリスト教も存在しなかったからです。そのためにカトリック教会と東方教会(2)は毎年の「イースター／復活祭」を祭儀としても盛大に祝い今日に至っています。とすると、それほどまでに重大な祝祭である「復活祭」の意味は、いったいどのようなことなのでしょうか。これからこの大切な点を学んでまいりましょう。

2　『マルコ福音書』の記述

「安息日が終わると、マグダラのマリア、ヤコブの母マリア、サロメは、イエスに油を塗りに行くために香料を買った。そして、週の初めの日の朝ごく早く、日が出るとすぐ墓に行った。彼女たちは、『だれが墓の入り口からあの石を転がしてくれるでしょうか』と話し合っていた。ところが、目を上げて見ると、石は既にわきへ転がしてあった。石は非常に大きかったのである。」（16・1〜4）

最も古い『マルコによる福音書』（AD七〇年頃成立）は、このように記して、安息日が終った今、正式な埋葬をするために婦人たちが動き始めた様子を描いています。安息日が明日に迫っていた金曜日の夕刻には、仮埋葬をするしかなかったからです。

問題は、墓の入り口のあの大きな石をどうやって取りのけるかでした。ところが墓に着いてみるとすでに「石がわきへ転がしてあった」とマルコは記しています。不審に思って女たちが「墓の中に入ると、白い長い衣を着た若者が右手に座っているのが見えたので、婦人たちはひどく驚いた。若者は言った。『驚くことはない。あなたがたは十字架につけられたナザレのイエスを捜しているが、あの方は復活なさって、ここにはおられない。御覧なさい。お納めした場所である。さあ、行って、弟子たちとペトロに告げなさい。あの方は、あなたがたより先にガリラヤへ行かれる。かねて言われたとおり、そこでお目にかかれる』と。」（16・5〜7）

3 イエスは復活された

「白い長い衣を着た若者」とは、聖書の世界では「神の使い（＝天使）」の独特の描写です。問題は、「驚くことはない。あなたがたは十字架につけられたナザレのイエスを捜しているが、あの方は復活なさって、ここにはおられない。御覧なさい。お納めした場所である」という天使のメッセージです。

十字架刑で確かに死んだはずのイエスが「復活なさって、ここにはおられない」という言葉に「婦人たちは墓を出て逃げ去った。震え上がり、正気を失っていた。そして、だれにも何も言わなかった。恐ろしかったからである。」（16・8）とマルコは生々しく伝えています。マルコだけではありません。他の福音書もそれぞれに、衝撃的なイエスの出来事が確かにあったことを生きいきと書き記しています。この前代未聞の出来事は「イエスの復活」と呼ばれて人々の間にまたたくまに広がったのでした。

4　復活したイエスを物語る

いったい何があったのか。人々を恐れのうちにひどくうろたえさせたこの出来事は、口から口へと伝えられていく中でさまざまな「イエスの復活の物語」を生み出していきました。よく見るとそれらは二つに分類することができます。一つは「空の墓の物語」と言われるもので、十字架で死に墓に葬られたイエスが、死に打ち勝ったことを強調しています。もう一つは、「復活したイエスに出会った」という物語です。さまざまな場面で、人々が復活したイエスに出会う驚きと喜びが、生きいきと描かれています。

これら二つのタイプの種々の物語が方々で語り継がれ、やがて一つにまとめられて各福音書における「イエスの復活の記事」となりました。それぞれの福音書で、登場人物や場所の設定など細かな点で異なっているのは、書き留められる以前に、イエスの復活についてはすでに多くの伝承があったことの名残りです。しかしそれにもかかわらず、「あの十字架で亡くなったイエスが、確かにわたしたちの間で生きている」という福音書が伝える確信は一貫して揺るぎません。

コラム18　「復活」という言葉づかい

ここで日本語の「復活」という言葉づかいについて振り返ってみましょう。普通わたしたちは「復活」というと、元の状態に戻ることと考えます。スポーツ選手や芸能人が「復活した」などという報道記事を目にするとき、それは「復帰する」ことを意味します。

また、古い日本語には「よみがえる／甦る」という言い方があります。それは「黄泉《よみ》＝死者たちがたむろする地下の国」から現世に再び戻ってくるということで、いにしえの日本人の世界観を背景にした言葉づかいです。
いずれにせよ、「復活」も「甦り」も「蘇生」を連想させますが、しかし、「復活」と訳された聖書本来の言葉は、それとは違います。打ち消し難い「死の現実」を踏まえたうえで、死を超える神的な出来事を言わんとするからです。したがって、一般に使われる「復活」という訳語は聖書本来の意味を十分にあらわしているとは言えません。

5　聖書における「復活」とは

先の天使のメッセージに「あの方は復活なさって、ここにはおられない」とありました。聖書の原文では「復活なさって」は「起きあがらせられて」と表記されています。すなわち、イエスは自分からというよりも、何者かによって「死から立ち上がらせられた」というのです。受身の形で記されていることに注目しなければなりません。

新約聖書ではイエスの復活（あるいは、後に扱うわたしたちの復活）というとき、ほとんどがこのように「立ち上がらせられる」「起きあがらせられる」「目覚めさせられる」と言われていることを見過ごすことができません[3]。

とすると、「立ち上がらせる」「起きあがらせる」のはいったい誰なのでしょうか。それはイエスが「アッバ／父よ」と呼んだ神、いのちの与え主である神そのものに他なりません。「イエスは死から立ち上がらせられた」と受身形で表現されているのはそのためなのです。

したがって、「復活」とは蘇生でもなければ、いわゆる霊魂不滅説の言い換えなのでもありません。福音書が証言する「復活」とは、「空の鳥を見なさい。野の花を見なさい」とイエスが指し示した躍動するいのちの源である父なる神が、死という悲しみと限界を超えて「起きあがらせてくださる」。まさに復活とは「死ではなくいのちこそが勝利する」ということを意味しているのです。

6　人々の反応

さて、マルコが報告するイエスの復活の記述に戻りましょう。イエスの復活の出来事を前にした人々の反応が印象的です。

「婦人たちは墓を出て逃げ去った。震え上がり、正気を失っていた。そして、だれにも何も言わなかった。恐ろしかったからである」。(16・8)また「(マグダラの)マリアは、イエスと一緒にいた人々が泣き悲しんでいるところへ行って、このことを知らせた。しかし彼らは、イエスが生きておられること、そしてマリアがそのイエスを見たことを聞いても、信じなかった」(16・10〜11)とも記されています。

さらに「その後、彼らのうちの二人が田舎の方へ歩いて行く途中、イエスが別の姿で御自身を現された。この二人も行って残りの人たちに知らせたが、彼らは二人の言うことも信じなかった」(16・12〜13)とあります。

神の介在によるイエスの復活の出来事を前にして「震え上がり、正気を失う」ことや、「信じない」ことは、人間の当然の反応でありましょう。そのため、復活というテーマについては、「信仰」が求められるのです。福音書が記す「イエスの復活」は、科学的な検証の対象なのではなくまさに信仰の問題なのです。

7　復活を信じる

『ヨハネ福音書』(一四九頁コラム19)は、イエスの復活については「信じる」こととして正面からそれを取り上げます。復活を疑う弟子のトマスに、イエスが「信じない者ではなく、信じる者になりなさい。（中略）見ないのに信じる人は、幸いである」（20・27、29）と諭したとヨハネは記します。

キリスト教の根本は、まさにイエスの「復活」を信じて生きるように招くところにあります。弟子のパウロが「キリストが復活しなかったのなら、わたしたちの宣教は無駄であるし、あなたがたの信仰も無駄です。」（第一コリント15・14）と断言するのはそのためなのです。

そうすると、これほどまでに大事なキリスト教信仰の根本をなす「イエスの復活」の意味とはどのようなことなのでしょうか。このことについてさらに考えてみましょう。

8 「イエスの復活」体験の意味を探る

はじめは、恐ろしさのあまり信じることのできなかった「イエスの復活」の出来事でしたが、弟子たちは次第に落ち着きを取り戻す中で、その意味とメッセージを探るようになります。

生前のイエスと寝食を共にした日々を振り返ったとき、弟子たちは自分たちが体験した「イエスの復活」が何であったのか、さまざまなことに気づき始めました。それは、イエスが生前「わたしを誰と言うのか」（マタイ16・15）と言ったあの問いかけの答えを見出したことであり、イエスという方が自分たちにとってどのような意義ある存在だったのか、そのことに目覚めた体験でもあったのです。

こうした弟子たちの振り返りと洞察は、それぞれの福音書に結晶し、いわば復活の光からイエスという存在が紹介され、物語られていきます。とりわけ一世紀の終り頃に編纂された『ヨハネ福音書』は、「人」となって地上を歩み、その歩みの頂点である十字架を経て、人間を巻き込みながら天に戻っていく「神の子イエス」という壮大な構想をもって、イエスとその救いのわざを紹介しています。これもまた、イエスの復活という出来事があったればこそです。そうした弟子たちの洞察と証言を手がかりにしながら、これから、イエスとはどういう方なのか、イエスの復活の意味とメッセージとはどんなことなのか、次の第四節で学んでいきましょう。

コラム19　『ヨハネによる福音書』について

新約聖書の土台をなす四つの福音書のうち、「マタイ」「マルコ」「ルカ」のそれぞれの福音書には、共通の視点がみられるため「共観福音書」と呼ばれていると、前に述べました。それに対して『ヨハネによる福音書』は、固有の性格を帯びている福音書です。おおざっぱに言うと「共観福音書」がキリスト教信仰を伝える（宣教）ことを目的にしているのに対して、『ヨハネ福音書』はキリスト信者を対象とし、受けたキリスト教信仰の恵みをさらに味わわせ、信仰の深化を促すことを目的としています。

『ヨハネ福音書』は、一世紀の終り頃に書かれました。イエス・キリストの昇天から早や六〇年以上も経っており、当時のヨハネが率いる教会（信仰共同体）は、ユダヤ教勢力やローマ帝国側から挟み撃ちにされた形でさまざまの弾圧を受け、その結果、教会内部には動揺や混乱が生じていました。

そうした試練の中で、すでにキリスト信者である人々に、キリスト教信仰の素晴らしさをつかみ直し、自信をもってキリスト信仰に踏みとどまるように励ますことを意図して書かれたのがこの福音書です。

「はじめにみ言葉があった。み言葉は神と共にあった。み言葉は神であった。」（1・1）という当福音書の出だしはあまりにも有名です。ちなみに、ここに出てくる「み言葉／ロゴス」とは、神のみこころ（＝神の想い）を指し、それが「人と成った」のがキリスト（＝救い主）であるイエスだと告白されているのです（1・14）。

まとめ

■「空の墓」と「復活イエスとの出会い」を中心にした、復活したイエスの出来事は豊かな伝承を生み出し、四つの福音書にそれぞれに記述された。
■日本語で「復活」と訳された聖書本来の言葉づかいははるかに躍動的で、父なる神がイエスを死から「起きあがらせた」ことを強調している。
■イエスの復活は、信仰の対象として弟子たちから伝えられた証言である。すなわち、この方こそ生きる勇気と希望を与えてくださった真の「救い主／メシア／キリスト」であるという信仰と確信である。

考えるヒント

■この節を読んでどのような印象が残りましたか。
■あなたは「復活」についてどのように考えていましたか。
■弟子たちはイエスの復活を「空の墓」と「自分たちに現れた」と表現していますが、何が言いたかったのでしょう。
■聖書では「復活」を「立ち上がらせられる」と受身形で表現していますが、それについてどう考えますか。イエスが一貫して父なる神に信頼して生きる勇気と希望を訴え、それ一を行動で示してきた視点から考えてみてください。

注

（1）**イースター**　ゲルマン民族の女神Eostreに由来する言葉。ゲルマン人の間では春分の日にこの女神を祭っていた。その日がキリストの復活を祝う「復活祭」と時期がほぼ重なっていたため、キリスト教化された西ゲルマン民族の間では、復活祭を意味するラテン語の「パスカ／Pascha」の訳として「Eostre」が用いられるようになり、さらに英語の「easter／イースター」になった。

（2）**東方教会**　一般的には「東方正教会／Eastern Orthodox Church」、あるいは、「ギリシャ正教／Greek Orthodox Church」を指す。地中海世界に広がったキリスト教は、言語や文化の違い、さらに政治権力の分断によって次第に「西方教会」「東方（ギリシャ語圏）教会」と呼び合うようになった。一〇五四年、当時の複雑な歴史事情によって「西方教会」「東方教会」は互いに破門し合い分裂した。しかし、キリスト教信仰、典礼（礼拝儀礼）は基本的に同じである。今日、こうした歴史的な分裂を乗り越えようとする動きが活発である。

（3）**「立ち上がらせられる」**　「復活」と日本語に訳された聖書の原語には、主に二つの言葉が使われている。一つは、「アニステーミ／ἀνίστημι」で、「起きあがらせる、立たせる、起きあがる」を意味する。もう一つは「エゲイロー／ἐγείρω」で、「眠りから覚ます、目覚める、起こす、起きあがらせる」を意味する。二つともほとんど同じ意味であるが、前者は「倒れて横たわっていたものが、まっすぐに立ち上がる」、後者は「眠りより覚ます、起こす」という意味合いがある。これらの言葉がそれぞれ受身形で「立ちあがらせられる」「起きあがらせられる」とされて「復活」を表現している。

第四節　イエスの復活が意味すること

1　変えられた弟子たち

生前のイエスは一度ならず「人の子（私）は必ず多くの苦しみを受け、長老、祭司長、律法学者たちから排斥されて殺され、三日の後に復活する」（マルコ8・31）と弟子たちに打ち明けていましたが、彼らにとっては何のことかさっぱり分からず、また怖くて問いただすことができませんでした。

そして事が起きます。弟子たちは師であったイエスが受難と十字架の死に遭遇すると、恐怖のあまり師を打ち捨てて、逃げ去ったのでした。

しかし、その彼らが復活したイエスに出会い、自分たちが犯してしまった「裏切り」という取り返しのつかない罪が赦されたことを体験していきます。彼らが大きく変えられたのはこのためでした。

『ヨハネ福音書』は、第二一章で弟子たちのゆるしを、まるで古いモノクロ映画の一シーンのように、穏やかに印象深く描いています（21・1〜14）。

それによると、イエスの死に失望した弟子たちは生業《なりわい》に戻り、気を紛らわそうと夜通し漁に出ますが、結局、何も獲れません。夜明けになって重い気分で岸辺近くに戻ってくると、一人の見知らぬ男が立っていて「何かおかずになるような物があるか」と声をかけてきます。「何も獲れなかった」と捨て鉢に答える彼らに、男は「それならば、船の右側に網を打て」と命令するではありませんか。でも半信半疑で網を打ったところ、大量の獲物に弟子たちは慌てます。これを見てイエスの愛弟子ヨハネが「主だ！」と声をあげると、ペトロはすかさず水に飛び込んで岸に向かいます。一同が陸に上がると驚いたことに火がすでにおこしてあり、パンと魚をそえた朝食が用意されているではありませんか。男は、獲れた獲物から何匹かの魚を持ってくるようにとせかしながら、オドオドする弟子たちを坐らせ「さあ、朝食をとりなさい」と声をかけます。すべてはこの男の主導で進んでいきます。今や弟子たちは誰一人、この男に向かって「あなたは誰ですか」と問いただす者はいませんでした。「主であることを知っていたからである」と、ヨハネは簡潔にしかし、印象深く記してこのエピソードを締めくくります。

人は和解したとき共に食事をします。一緒に食事をすることは、「赦した」ということの素晴らしくも喜ばしいしるしでもあります。今、復活したイエスは自ら朝食を準備し、心身ともに疲労困憊した彼らにまず食べさせ、気を取り戻させます。こうした愛情に満ちた行動をもって、イエスは自分を裏切った弟子たちを赦していることを示したのでした。遠慮しがちに準備された食事にありつく弟子たちは、イエスの愛に触れ、自分たちが赦され受け入れられていることを体で実感したのです。イエスは「お前たちの非を赦す」とはひとことも言いません。ちょうど、あの「放蕩息子」を祝宴をもって受け入れ、すっかり赦した父の姿を彷彿させるものがここにあります。

『ルカ福音書』は、イエスの死に絶望し、怯えながら都エルサレムをあとにして逃げ去る二人の弟子が、目指すエマオへの道すがら復活イエスに出会ったものの彼とは気づかなかったこと、彼らが道連れの男を強いて引き止めて宿で食事を共にしパンを裂いたとき、初めてイエスだと気づいたこと、そして喜び勇んで闇夜を一目散にエルサレムに引き返し、仲間たちにそれを告げたことを生きいきと述べています。（ルカ24・13〜35）

このようなイエスの「ゆるし」と深い愛を体験したればこそ、弟子たちは大きく変えられたのでした。『使徒言行録』では、神の愛に触れて立ち上がったペトロとその仲間が、ユダヤ教当局の執拗な暴力的弾圧をものともせず、イエスが復活したことを嬉々として力強く人々に語るさまが描かれています。（使徒言行録2・23〜36、3・13〜15、4・10〜12など）

2　弟子たちを変えたイエスの復活

このように彼らは復活イエスと出会うことによって、大きく変えられたのでした。このことによって彼らは揺るぎない確信を得、すべてをかけてイエスの福音を伝え始めます。するど、彼らをこれほどまでに変え、確信をもって伝えるようになった「復活の意味とメッセージ」とはいったい何だったのでしょうか。復活イエスを信じた人々を激しく迫害していたパウロ自身が、後にイエスをキリストとして信じる者となり、「キリストが復活しなかったのなら、わたしたちの宣教は無駄であるし、あなたがたの信仰も無駄です」（第一コリント15・14）と断言したその理由とは、いったい何だったのでしょうか。ここにこそキリスト教信仰の根幹があるはずです。時間をかけてつかみ取られていった人間の救いの真実、神と人間とのかかわりの真実――この大事な点について、以下、「イエスの復活が啓示したこと（＝復活のメッセージ、復活の意味）」とはどんなことだったのか、さまざまな視点から見ていきましょう。

3　イエスの復活が啓示したこと　その1

イエスの復活は、救いの本当のありかを告げる福音の目標であった。

何よりもまず、イエスの復活を体験した弟子たちは、イエスが告げた「神の支配の到来」の福音を思い出したはずです。人間の権力や宗教的戒律（律法）ではなく、神の働きかけ（支配）

こそが真の解放（自由）と平安をもたらすと告げたイエスを思い出したのです。

その力強く喜ばしい訴え（福音）のすべては、自分たちが体験したイエスの復活を目指していたと気づいたのです。すなわち、父なる神の介入による「死の束縛」からの解放（＝復活）こそ、イエスが告げた「神の支配の到来」の福音が目指していたことだったということです。

ここでの「死の束縛」の「死」とは、生物学的な個体の終焉ではなく、滅びや無意味さのきわみを指しています。わたしたちの心にうごめく自己中心の傾きや隣人への無関心、憎しみや復讐心などの破壊的な傾きは、言葉や行動となってわたしたちの生存や互いのかかわりを腐敗させ、無意味なものにしてしまう「滅びの力」です。

理解を深めるために

「死に打ち勝つ」とは

聖書ではしばしば「死に打ち勝つ」という言い方が出て来ますが、このことについて考えてみましょう。

「死」は何よりも個体としての生存の終りのことで、この「終り」という客観的事実を「死」と呼んでいるだけです。そうすると、わたしたちがここで問題にしている「復活」が蘇生でないとするならば、「死に打ち勝つ」とは、何を言おうとしているのでしょうか。

今述べたように、「死」とは確かに生命の終りであり、各自の人生の終焉です。すなわち、死んでいく当人にとっては、一度の人生の歩みの中で出会ったたくさんの人々との絆の終りです。その絆にもとづく信頼関係やさまざまなつらい関係の終り、汗と涙を流しながら共に目指した夢や計画とその実りの終りです。

ところで、その「終り」を自分のこととして目の前にするとき、果たして自分の人生には意味があったのか、自分のたどってきたこれまでの歩みはこれでよかったのかとわたしたち誰もが自問します。

この問いかけの前に「死」の現実は、すべては無駄だ、人生の歩みにおいて信頼し合ったことも、希望しながら耐えたことも、愛し合ったことも一切は無意味であり、そもそも自分が存在したこと自体、意味のないことだったとささやきます。「死」のこうした恐るべき虚無の姿は、ひるがえって「今ここで生きている」現実から生きる意欲と希望を奪い、互いの絆や信頼関係をムダなものと思わせてしまいます。どうせすべてが「虚無」に飲み込まれていくのなら、せめて今のうち思い切り楽しんでおこう、人さまへの思いやりを大事にしたり、夢をかなえるために苦労したところで何になるのか。まさに無意味さや虚無にかられた刹那主義的な生き方は、生きる意味や目的をすべて捨て去ること、まさに「滅び」としか言いようがありません。

こう考えると、「死に打ち勝つ」という場合の「死」とは、今述べたような「滅びの力」「一切の価値を虚無に引きずり込む力」を指していると言えます。「復活」というテーマは、こうした文脈でとらえなくてはなりません。

イエスが「神の支配の到来の福音」を告げながら、なぜ一貫して「愛」と「ゆるし」を強調したのか。それは、このような滅びの力への抵抗を促すためであり、神の創造的な働きかけに参与しながら救いを全うさせようとしたためであると、彼らは悟ったのです。

「神の支配（国）」の目標である「復活」は、『ヨハネ福音書』では「永遠のいのち」と呼ばれます。イエスは「わたしの言葉を聞いて、わたしをお遣わしになった方を信じる者は、永遠の命を得、また、裁かれることなく、死から命へと移っている」（5・24）と教えます。ここでの「わたしの言葉」とは「神の国の到来の福音」のことで、「わたしをお遣わしになった方」とは、イエスが父と呼ぶ神を指しています。わたしたちの人生は死の滅びで空しく終ってしまうのではなく、神が与える「永遠のいのち」こそ、わたしたちの人生の目的であり救いだということです。まさに神のみが与えてくださる恵みなのです。

理解を深めるために

「永遠のいのち」とは

(1)「永遠」という言葉を聞くと何を連想するでしょうか。「永遠の誓い」とか「永遠に愛する」とか「永遠の真理」などと言うと、それは「変わらない」「不変の」「絶対の」ということを表しています。わたしたちだれもが時間の流れと変化の中に生きなければならず、すべてが時々刻々と変化していくからこそ、わたしたちは「変わらないもの」「確かでゆるぎないもの」を希求するのです。何が起こるかわからない不安定な（諸行無常の）時間の支配から完全に解き放たれた喜ばしい状態、人間はこれを「永遠」と名づけて憧れるのです。

哲学の世界では、「永遠」とは「時間を超えた状態／超時間」と言われますが、しかしどっぷり時間の中に浸かり、有為転変の中に生きているわたしたちにとって、それがどういうことなのかイメージすることはなかなか難しいことです。それは海の中にいる魚が海を離れた状態を想像できないのと、あるいは、宇宙の中にいる人間が宇宙の外を想像できないのと似ているかもしれません。

そのためでしょうか、旧約聖書の世界では「永遠」を「限りなくいつまでも続く」こととイメージしました。それは新約聖書にも引き継がれ、またその後のキリスト教にも影響を与えます。神の栄光や愛を賛美するときに使われる「代々に至るまで／per omnia saecla saeclorum（ラテン語）」という伝統的な表現はその名残りと言えましょう。時間の支配をすっかり超える「永遠の状態」「初めも終りもない状態」を、終りなく続く時間であらわすのは、よく考えてみれば矛盾かもしれませんが、ともかく古代の人々はこのようにイメージしたのでした。

この感覚は日本の文化でも同じです。「永遠」といえば、ふつう「ある状態が果てしなく続くこと」と考えられ「とわに」「子々孫々」などと言われます。「松」や「鶴亀」はいつまでも続く長いいのち（生存）のシンボルであり、「千代に八千代に」とは、果てしなく続くことを示唆する表現として親しまれてきました。また、仏教の教えで、諸行無常を超えた解脱の世界は「空」であると言われてもピンとこなかったためでしょうか、日本ではむしろ此岸《しがん》（現世／有為転変の現実）において、「諸行無常」という不変の定め（永遠の定め）をいさぎよく受け入れることを良しとしてきました。「祇園精舎の鐘の声、諸行無常の響きあり」という『平家物語』の冒頭が好まれるのは、そのためでありましょう。時間を超えた永遠の定めが、時の中にあるという世界観です。

(2) **「いのち」**という言葉を使うとき、わたしたちはふつう、生物学的な個体が時間の中で生き続けることを考えます。医療技術の目覚ましい進歩の背後には、生命体の終りである「死」を恐れ、今手にしている生命をできる限り長く続けたいという願望があります。

でも生物学的な生存だけが「いのち」のすべてなのでしょうか。愛し合う者同士、親子や、友情に結ばれた者が互いに「あなたは私のいのちだ」というとき、それは自分を生かす希望、力、生き甲斐や生きる意欲の源であることを示しています。また、自分に与えられた使命やつかんだ理想を自分の「いのち」とする人もいます。

　こう考えると「いのち」というのは、きわめて身近な体験でありながら、同時に「今・ここで」生きていることの奥深さと広大さへと、わたしたちの眼を向けさせるつかみ切れない「力」のようなものと言えます。

　キリスト信者は、祈りの中で「いのちの源である神よ」と、神に向かって呼びかけます。それは日々の移ろいの中にいる自分が、自分をはるかに超えた大いなる者によって支えられ、導かれ、生かされていること、そしてあまりにも身近でありながらつかみ切れない圧倒的な力の前に自分がこうして立っているという人間の素直な驚きと畏怖の念の表現です。イエスは言います。「だから、言っておく。人が犯す罪や冒涜は、どんなものでも赦されるが、〝霊〟に対する冒涜は赦されない。」（マタイ12・31）ここで「霊」と訳された聖書の原語は「プネウマ」で、すでに見たようにわたしたちを活かしている「生命の本源」である神の息吹きを指しています。わたしたちの生存の根拠を呪う（否定する）などどうしてできましょうか。「いのち」とはそれほどまでに、この自分を巻き込みながらかつ把握しきれない圧倒的現実なのです。

　このように考えると「永遠のいのち」を単純に「天国」とか「極楽浄土」のように、死後に設定された「場所」のイメージに限定してしまうことは、不十分であると言わなければなりません。むしろそれはもっと、今・ここで生きている自分（自分たち）にかかわるダイナミックな何かであるにちがいありません。キリスト教信仰を生きる者はイエスを通してそれをどのようにとらえているのか、後にあらためて触れてみたいと思います。

4　イエスの復活は、イエスが「救い主／キリスト」であることを証しする出来事だった。　その2

イエスの復活を体験した弟子たちは、生前イエスが告げていたご自分の使命、すなわち、「人の子（わたし）は仕えられるためではなく仕えるために、また、多くの人の身代金として自分の命を献げるために来た」（マルコ10・45）という言葉の真意をはっきりとつかんだのでした。

これまで学んだように、「身代金として自分の命を献げる」とは、自分自身のいのちと引き換えに相手を奴隷状態から自由の身分に解放する行為（贖い）を意味しています。しかしイエスは、これを自分の使命として自覚していたものの、最後の晩餐の後に弟子たちと過ごしたゲッセマネの園では、死を目前に言語に絶する苦悩を味わいました。しかし最後には、父である神に向かって「あなたのみ心のままに」とイエスはすべてをゆだねたのでした。

『ヨハネ福音書』は、イエスのこの使命を次のように表現しています。[1]「わたしが来たのは、羊が命（ゾェー）を受けるため、しかも豊かに受けるためである。わたしは良い羊飼いである。良い羊飼いは羊のために命（プシュケー）を捨てる。（中略）わたしは命（プシュケー）を、再び受けるために、捨てる。（中略）これはわたしが父から受けた掟である」（10・10〜11、17、18）。自分の使命は羊が命を得るために「自分の命を捨てる」ことにあると述べています。

このように、イエスの十字架の死はわたしたちの救いのために自分をことごとく与え尽くした愛のきわみであったこと、イエスは自分のいのちを与え尽くすことによって、わたしたちを贖った「キリスト／救い主」であったと、弟子たちは理解したのでした。

5　イエスの復活が啓示したこと　その3

イエスの復活を体験した弟子たちは、最後の晩餐でイエスが言い残していったことの真意を

理解した。

イエスの復活を体験した弟子たちは、最後の晩餐でイエスが言い残していったことの真意を理解したのでした。

あの時、「苦しみを受ける前に、あなたがたと共にこの過越の食事をしたいと、わたしは切に願っていた」（ルカ22・15）という言葉をもってイエスは最後の晩餐を始めました。その席でイエスは、パンを取り、感謝の祈りを唱えて、それを裂き、弟子たちに与えて「これは、あなたがたのために与えられるわたしの体である。わたしの記念としてこのように行いなさい」（ルカ22・19）と言い、さらに、ぶどう酒の満ちた杯を取って「この杯は、あなたがたのために流される、わたしの血による新しい契約である」（ルカ22・20）と言ったことが、まさにイエスの使命の表明であったと、悟ったのです。しかも次の日に起きてしまった「十字架の死」の真意を、イエスは先取りしながら、形にして残していかれたのだと分かったのです。

イエスの十字架の苦しみによる「贖い」とは、罪の束縛からの解放であると同時に、赦す神の愛を示し尽くす出来事でした。今、イエスの復活を体験し、父なる神がイエスを「死から立ち上がらせた」ことを知った弟子たちは、この神こそが、「罪を赦す神」、「アッバ／父よ」と親しく呼びかけることのできる神であると深く気づいたのでした。まさにイエスがかつて語った「放蕩息子を赦した父親」のたとえの真意をはっきりとつかんだのです。

6　イエスの復活が啓示したこと　その4

イエスの死と復活は、神の介入によってなされた救いをもたらす「過ぎ越し」の出来事であった。

さらに、イエスの復活を体験した弟子たちは、イエスの「十字架の死と復活」は、まさに父なる神の介入による力強い「過ぎ越し」であったと悟りました。この洞察は、キリスト教信仰の本質を理解する上で、きわめて大事な点です。

イエスの最後の晩餐は、ユダヤ教の「過ぎ越し祭」の食事でした。今、十字架の死を経て復活した（復活させられた）イエスのことを振り返ると、弟子たちは、一連の出来事がまさしく神の介入による「過ぎ越しの出来事」であったと弟子たちは悟ったのです。

なぜ、イエスが「苦しみを受ける前に、あなたがたと共にこの過越の食事をしたいと、わたしは切に願っていた」（ルカ22・15）と言って「過越の食事」を最後の晩餐としたのか。なぜ、パンとぶどう酒を用いていのちを与え尽くす自分をしるしながら、「贖いの死」を記念するように命じたのか。なぜ、イエスがぶどう酒の満ちた杯を手にして「新しい契約の血である」と断言したのか。そして、なぜ、父なる神の介入による復活（＝立ち上がらせられたこと）が引き起こされたのか。

弟子たちは、遠い昔に自分たちの先祖が体験し、それを子々孫々祝い続けてきた「過ぎ越し」の奥義が、今、イエスにおいて成就されたと理解したのでした。

この「過ぎ越しの奥義」は、神こそが歴史を導く方、人間の生きていく確かな希望の源であることを示しています。死から命へ、闇から光へ、絶望から希望へ、混乱から見通しへ。わたしたちをこのように導くのは人間の力によるのではなく、まさに神ご自身なのだ。「救い」とはこのようなプロセスの中で体験させられていくことなのだ――このようなことが、イエスにおいてはっきりと啓示されたことを弟子たちは悟ったのです。

イエス・キリストの死と復活は、キリスト教が誕生した当初から、日曜日（＝週の初めの日）毎に「感謝の祭儀」において記念されていました。しかし、それが、二〜三世紀になると、年に一度の「復活祭」の前晩の「復活徹夜祭」でも荘厳に祝われるようになり、やがて、復活祭前の一週間は「キリストの過ぎ越し」を記念する特別な一週間となります。とりわけ木曜日の晩から始まる三日間は、「聖なる過ぎ越しの三日間」と呼ばれ、この日々には、イエスの最後の晩餐、受難、十字架、葬り、復活の一連の出来事が、典礼祭儀をもって再現され、追体験されました。毎年の復活祭（イースター）前に行われる「聖週間の典礼」は、カトリック教会、東方教会で大切にされ今日に至っています。

7　イエスの復活が啓示したこと　その5

イエスは「過ぎ越し」の出来事に自分自身をすべて差し出し、「新しい契約」をなし遂げた。

最後に弟子たちは、イエスが自分のすべてを賭してなし遂げた「過ぎ越し」が、「新しい契約」の成就であったことを悟ったのでした。それはひとえにイエス自身が最後の晩餐でぶどう酒の満ちた杯をとって「この杯は、あなたがたのために流される、わたしの血による新しい契約である」（ルカ22・20）と言ったことに由来します。

神の方から示された人間へのかかわりを、イスラエルの民は「血（＝いのち）を介した契り」として表しました。これが聖書における「契約」の根本にあることについては、すでに見たとおりです。これを踏まえてイエスは、「新しい契約のために流されるわたしの血」と言ったのです。

「新しい」とは、一つには、これまでイスラエル民族の歴史の中で繰り返された数々の「契約」

が動物や家畜の血を用いてきたのに対して、今やイエスが自分自身の血（＝いのち）をもって契約を遂行したからです。自分のいのちを献げることによって、これまで繰り返されてきた契約をしめくくり完成したということです。

また「新しい」と言うのは、これまでの契約がイスラエル民族だけに限られていたのに対して、イエスの死と復活を通して遂行された「新しい契約」が、すべての時代の人々に向けられたからです。

後に、イエスを「キリスト（真の救い主）」と信じたキリスト信者たちは、自分たちの信仰共同体（教会）を「カトリック（普遍）[2]」と呼ぶようになります。それは、まさにイエスの血による「新しい契約」の成就と、その結果である救いが、時代と場所を超えてすべての人に開かれた恵みであるという呼びかけの表明です。この恵みを地の果て、世の終りまで伝えていくことが、復活キリストを信じた自分たち（教会）の使命であるという意識が、「カトリック」という呼び名に込められているのです。

8　イエスの復活が啓示したこと　その6

イエスにおいて示された一連の「贖いの出来事」は、イエスが「父」と呼んだ神の望みであった。

先に見たようにイエスは受難を直前にして「この杯をわたしから取りのけてください。しかし、わたしが願うことではなく、御心に適うことが行われますように」（マルコ14・36）と祈りました。また『ヨハネ福音書』は、イエスが「わたしは羊のために命を捨てる」ことは「父の命令である」（10・15、18）と、イエスの使命が父なる神の望みであることを伝えています。「わたしは命を、再び受けるために、捨てる。それゆえ、父はわたしを愛してくださる。」（10・

17）「わたしは彼ら（羊たち）に永遠の命を与える。彼らは決して滅びず、だれも彼らをわたしの手から奪うことはできない。わたしの父がわたしにくださったものは、すべてのものより偉大であり、だれも父の手から奪うことはできない。わたしと父とは一つである。」（10・28～30）。『ヨハネ福音書』のこの一連の記述は、イエスの贖いのわざ（十字架の死と復活の過ぎ越しのわざ）が、まさに父なる神とイエスとの一体のわざであったことをはっきり語っています。これはまさにイエスの復活を体験し、その意味をつかみ当てた弟子たちの悟りでした。

以上が、イエスの復活が啓示した「復活の奥義」に秘められた豊かな意味として指摘できることがらです。

9　イエスは「神の子」

かつてイエスは弟子たちに「あなたたちは、わたしを何者だと言うのか。」（マタイ16・15）と問うたことがありました。ペトロが仲間たちを代表して「あなたはメシア、生ける神の子です」（同16・16）と模範的な答えを言ったものの、その時点で自分が口にしていることの真意は分かっていなかったようです。

しかし今や、復活イエスに出会った弟子たちは、イエスが何者であるか、すなわちイエスの本質をはっきりつかんだのでした。それをよく表している「キリスト賛歌」があります。

「キリストは、神の身分でありながら、神と等しい者であることに固執しようとは思わず、かえって自分を無にして、僕の身分になり、人間と同じ者になられました。人間の姿で現れ、へりくだって、死に至るまで、それも十字架の死に至るまで従順でした。このため、神はキリストを高く上げ、あらゆる名にまさる名をお与えになりました。こうして、天上のもの、地上のもの、地下のものがすべて、イエスの御名にひざまずき、すべての舌が、『イエス・キリストは主である』と公に宣べて、父である神をたたえるのです。」（フィリピ2・6〜11）

まさにここには、イエスが自分のすべてを与え尽くして神の愛を示した「神の子」であり「キリスト／救い主」であったという信仰告白が、見事に表明されています。犠牲なしに愛はないことを「神の子」イエスは、身をもって証ししたのでした。

10　ひとことでいうなら「キリスト教信仰とは」

先に挙げた「イエスの復活の意味」の種々の側面を、弟子たちはひとことで「イエスは神の子である」と要約しました。ここで言う「神の子」とは、イエスが「父」と呼んだ神の愛を、自分のすべてを賭して表し尽くした方であるということです。

それを踏まえて、「神の子」であるイエスは、父である神からわたしたち人間の真の救いのために遣わされた「キリスト」であったと、弟子たちはイエスという存在の本質をつかんだのでした。「イエスこそがキリストである」というキリスト教信仰の土台はここにあります。このことを『ヨハネの手紙』は、次のように力強く訴えています。

「神は、独り子を世にお遣わしになりました。その方によって、わたしたちが生きるようになるためです。ここに、神の愛がわたしたちの内に示されました。わたしたちが神を愛したのではなく、神がわたしたちを愛して、わたしたちの罪を償ういけにえとして、御子をお遣わしになりました。ここに愛があります。愛する者たち、神がこのようにわたしたちを愛されたのですから、わたしたちも互いに愛し合うべきです。」（一ヨハネ4・9〜11）

まとめ

■「イエスの復活」は次のようなことを啓示する。それは「復活」がわれわれに訴えるメッセージでもある。
⑴イエスの復活は、救いの本当のありかを告げる福音の目標であった。

⑵イエスの復活は、イエスが「救い主／キリスト」であることを証しする出来事だった。

⑶イエスの復活を体験した弟子たちは、最後の晩餐でイエスが言い残していったことの真意を理解した。

⑷イエスの死と復活は、神の介入によってなされた救いをもたらす「過ぎ越し」の出来事であった。

⑸イエスは「過ぎ越し」の出来事に自分自身をすべて差し出し、「新しい契約」をなし遂げた。

⑹イエスにおいて示された一連の「贖いの出来事」は、イエスが「父」と呼んだ神の望みであった。
■弟子たちはイエスの復活を体験することによって、イエスがわたしたちの間に遣わされた「神の子」であり、父なる神の愛をすべてをかけて表した方であることを悟った。

考えるヒント

■この節を読んでどんなことが印象に残りましたか。
■パウロが「イエスの復活がなかったなら、わたしたちの信仰は空しい」と断言しているほど、イエスの復活はキリスト教信仰の中心である——このことの意味が理解できますか。

■あなたは「死」の幅広い意味を考えたことがありますか。

■聖書が言う「永遠のいのち」と「神は愛である」ということのつながりを、あなたはどのように考えますか。

注

(1) **『ヨハネ福音書』における「いのち」** ここに引用した「命（いのち）」という言葉について触れたい。「新共同訳聖書」では、「命」と訳している言葉を、ヨハネはわざわざ使い分けている。羊が受ける「命（ゾエー）」とは「神が与えるいのち、永遠のいのち」を意味している。一方、イエスが羊のために献げる「命（プシュケー）」とは、「人間としての具体的ないのち、心身にみなぎるいのち」を指している。この引用において、イエスが十字架の死をもって自分自身を献げるのは、わたしたちが「神のいのち（ゾエー）」にあずかるためだ、と強調される。なお、「掟」と訳された聖書の原語「エントレー」には「命令、指図」の意味がある。

(2) **カトリック** 「カトリック教会」という場合の「カトリック」とは、ギリシャ語の「カトリコス／καθολικός」に由来する語で一般的に「普遍」と訳されている。ギリシャ語のこの言葉は「全体を包み込む、すべてに開かれた」という意味合いを持つ。キリストの教会は「カトリック」であるとはじめて述べたのは、アンティオキアのイグナチオ（三五～一〇八年）であった。彼にとって「カトリック」とは救い主イエス・キリストがおられる共同体（教会）を意味した。

第五章

キリスト教の誕生

第一節　キリスト教の誕生と福音宣教

1　イエスの復活はキリスト教の出発点

イエスを「キリスト」と呼び、真の救い主と信じるようになったのは、弟子たちがイエスの復活を体験したことがきっかけです。もしイエスが十字架上で亡《な》くなっただけで、「復活」という出来事がなかったなら、キリスト教信仰は生まれませんでした。それだけに、イエスの復活は「キリスト教信仰」の原点であり出発点なのです。

前に、「キリスト」という言葉の意味について触れました。それは「救いをもたらす使命を帯びた者」という意味で、ヘブライ語で「メシア」と言われていたのが、ギリシャ語に置き換えられて「クリストス／キリスト」[1]と言うようになり、「救い主（救世主）」を指す言葉として定着しました。ですから「キリスト教」とは、「イエスこそが救い主・キリストである」という信仰を生きる宗教運動を意味します。そしてキリスト教の聖典である『新約聖書』とは、この一点を告げる信仰の書なのです。すべては、イエスの復活から始まったことは言うまでもありません。

2　信仰運動であるキリスト教

「キリスト教」とは、イエスこそが真の救い主（キリスト）であるという信仰告白を土台とした積極的な生き方の連鎖（運動）です。イエス・キリストの「愛」の教えに導かれながら、個人や社会においてキリストの愛を実践していこうとする創造的な運動です。しかし、愛にもとづくこの信仰運動は、イエスのあの「神の国／神の支配」[2]の運動と同様、人間の知恵や努力にもとづく人道的な運動なのではありません。イエスが告げた「福音」を信じ、いのちを与えてくださった神を「アッバ／父よ」と呼びながら信頼して「愛とゆるし」を実践する中で、一人ひとりが変えられ、互いに連帯していく運動なのです。こうした運動は人と人との出会いの連鎖、信仰にもとづく人格的な交流において展開していくのです。

もちろん、キリスト教という信仰運動は、単なる内面の世界とか自己修養に限定されるものではありません。それどころか「隣人を愛しなさい」というイエスの教えに導かれながら、それぞれの時代、それぞれの民族や文化の中で、教育や福祉、医療活動や芸術など、社会的にも目に見える行動を展開してきた運動なのです。時には、イエスの福音にもとる社会の不正や抑圧に対して抵抗を辞さない運動でもあるのです。

3　なぜイエスが「キリスト／救い主」と告白されるのか

イエスの復活が、「イエスこそが真の救い主キリストだ」という信仰を生んだことはすでに見たとおりですが、問題は、なぜイエスを「救い主」として認めるようになったのかということです。もし、わたしたちの「心の渇き」にはっきり応えることがないなら、イエスを「救い主」と言うことはできないはずです。

いったい「救い」と言う言葉で、わたしたちは何を言い当てようとしているのでしょうか。この点をしっかり確認しておきたいと思います。その上で、「救い主（キリスト）」と告白されたイエスは、この大事な問題にどのようにしてかかわってくるのか——このことについて考えていきます。

4　人間の求める「救い」とは

わたしたちはここで本書の「導入」で触れた「心の渇き」の問題をもう一度取り上げて見ましょう。まず、これまで見てきたイエスの教えを振り返ると、「救い」とは、大きく二つの分野にまたがる課題であることが見えてきます。

一つは「とらわれからの自由／解放」ということで、特にこの点を強調するのが仏教と言えます。この宗教はあらゆるとらわれや煩悩や迷いからの「解き放ち／解脱《げだつ》」を目指し、それを達成するためのさまざまな「信仰実践」を大事にしています。「座禅」[3]や「念仏」[4]などはその典型的な実践といえます。また日本古来の自然宗教である神道が「禊《みそ》ぎ」や「祓《はら》い」[5]をもって、人を苦しめる悪や穢《けが》れに対処するのも救いを意図した信仰実践と言えましょう。

イエス・キリストもまた、救いのこうした側面を大切にします。先に触れたあの「金持ちの青年」に対するイエスの勧めは、まさにこれでした。この世の煩いや自己への執着から解き放たれ、慈しみ深い父なる神に全面的に信頼して生きることは、イエスの福音の出発点でもあります。イエスが「回心」を呼びかけたのはそのためでした（マルコ1・15）。

ところで「救い」の問題には、もう一つの面があります。それは「確かなこと、変わらないことで満たされたい」という側面です。いったい自分はどんなことで満たされ、生きる意欲と喜びをそこから得ているのか。先の「とらわれからの自由」だけでは、人間は決して満足することがないのです。さらに変わらない確かなことで満たされ、希望をもって歩みたいという深い渇きを持つからです。健康や若さ、地上の富やさまざまな力はたとえ善きものであっても、しかしそれらはいずれ消えてゆき、わたしたちを完全に満たすことはありません。まさに諸行無常です。そうしたわたしたちに対して、イエス・キリストは、変わらない確かなもののきわみは、「神のいのち、神の愛」にあると訴えるのです。

5　救いの渇きと「過ぎ越し」の奥義

「救い」について触れた今、わたしたちはこの問題を先に触れた「過ぎ越しの奥義」という視点から、改めてとらえ直してみましょう。

ユダヤ民族の最大の祭りとして今日でも盛大に祝われているあの歴史上の出来事、すなわち、神の介入によってなされたエジプトの奴隷状態からの脱出（過ぎ越し）は、イエスの十字架と復活の布石であり、イエスの十字架と復活の出来事こそ神の介入による「過ぎ越し」の完成であった――このことを弟子たちは悟ったのでした。

しかもイエスは「人の子（わたし）は仕えられるためではなく仕えるために、また、多くの人の身代金として自分の命を献げるために来た」（マルコ10・45）と自分の使命を表明しました。するとイエスの「十字架の死と復活」という過ぎ越しは、ご自分のすべてをかけてわたしたちの「救い」を引き起こす出来事だったと言えます。

イエスはわたしたち人間の救いの渇きに応えようと、神の「過ぎ越し」のみわざを引き起こすために、自らを与え尽くしたのでした。神の子イエスの壮絶な十字架の死から復活へという「過ぎ越し」の過程の中で、死からいのちへ、失望から希望へ、闇から光へという「過ぎ越しの奥義」があきらかになったのでした。それはまさに人間の限界を打ち破る神の介入であり、そこに「贖い／解放」の出来事、「救いのわざ」が実現したのでした。それは他でもない、「神の愛」のきわみと言えます。

「過ぎ越しの奥義」は、さらに次のことも示しています。すなわち、慈しみ深い神は、全人類の歩みの完成を願っており、そのために人間が引き起こすすべての出来事（善も悪も）を、神秘

に満ちた介入によって完成に方向づけていこうとされるということです。悪からさえ神は善を導き出す――人間の考えも力も及ばない神の壮大なわざは「奥義」としか言いようがありません。

こうした「過ぎ越しの奥義」は、まずわたしたち一人ひとりの人生において展開され体験されていきます。ここで見逃してならないことは、このような「過ぎ越し体験」の中で、わたしたちは「神」たる方が「共にいてくださる方」、「歩みを共にしてくださる方」、「常に寄り添ってくださる方」であると実感していくということです。「神は愛である」（一ヨハネ4・8）とは、このようなことを意味しているのです。

「心の渇き」がどのように満たされていくかについてはすでに述べました。心の自由への解き放ちを経て、「変わらないことで満たされる」ことが、人間の本当の救いであると見たのですが、その中味とは、実は限りない愛をもって寄り添い、共に歩んでくださる神ご自身なのです。

6　イエスにおいて示された救いの道

もう一度繰り返します。イエス・キリストは、自らの受難と十字架の死の苦しみをもって、わたしたち人間の絶望の淵に降りてきてくださいました。それによってわたしたちの苦しみと闇のきわみはイエスという存在に飲み込まれていきます。十字架上でのあの叫び「わが神、わが神、なぜわたしをお見捨てになったのですか」（マタイ27・46）は、まさに苦悩と絶望の闇に飲み込まれたイエスの正直な心の叫びであると同時に、人間の底なしの闇を一身に引き受けた愛のきわみの叫びでもあったのです。『ヨハネ福音書』は十字架上のイエス最後の言葉は「渇く」（19・28）であったと記します。激痛のきわみで叫ぶイエスの「渇く」という叫びにヨハネは人間として誰もが持つ「こころの渇き」をも凝縮し重ねました。

しかし、父なる神はご自分が遣わしたイエスのどん底の姿（無化《むか》の姿）を見とどけ、ご自分のいのちの中へ立ち上がらせたのでした。まさに「過ぎ越しの奥義」です。この過ぎ越しのきわみこそ、わたしたちの解放の突破口であり、この意味でイエスは御父とともに確かな救いの道を開いてくださった方――創造主である神に逆らいながら無意味さと虚無の力に服し、あらゆるとらわれにあがくわたしたちを解放し、真の自由へと解き放ってくださった方なのです。

ここからキリスト信仰が生まれました。イエス・キリストは、「永遠のいのち／復活のいのち」への確かな希望である、このイエスを「キリスト／救い主」と信じてつき従うとき、わたしたちはいかなる苦難の中にあっても「今」をしっかりと生きることができる――これが「イエスをキリスト（救い主）」と認めるキリスト教信仰です。キリスト教とは、この喜びを伝え、それを共に生きようとする信仰運動に他なりません。

理解を深めるために

「無化」ということ

『フィリピの信徒への手紙』にはイエス・キリストの「贖いのわざ」（過ぎ越しの奥義）を賛美したいわゆる「キリスト賛歌」と呼ばれるものが記されています。少し味わってみましょう。

「キリストは、神の身分でありながら、神と等しい者であることに固執しようとは思わず、かえって自分を無にして、僕の身分になり、人間と同じ者になられました。人間の姿で現れ、へりくだって、死に至るまで、それも十字架の死に至るまで従順でした。このため、神はキリストを高く上げ、あらゆる名にまさる名をお与えになりました。こうして、天上のもの、地上のもの、地下のものがすべて、イエスの御名にひざまずき、すべての舌が、『イエス・

キリストは主である』と公に宣べて、父である神をたたえるのです。」（2・6～11）この賛歌は、イエス・キリストにおいて示された「過ぎ越しの奥義」を力強く歌い上げたもので、初代のキリスト信者たちが「信仰告白」としていたものを、パウロが手紙に引用したのです。賛歌の中の「自分を無にして／ἐκένωσεν」と記されたイエスの徹底的なへりくだりの姿を表わすギリシャ語は「ケノー／κενόω」の変化形です。「ケノー」は「すっかり空にする」が原義で、ここではイエスが自分自身（いのち）をことごとく与え尽くし「空《から》」になったと言うのです。それはさらに、「へりくだって、死に至るまで、それも十字架の死に至るまで従順でした。」と具体的に述べられています。この部分を直訳すれば、「自分自身を卑しくし（恥をかかせ）死にまで従順な　しかも十字架の死にまで従順だった」となります。

このイエスの徹底的なへりくだりをキリスト教は伝統的に「無化／ケノーシス／κένωσις（ギリシャ語）」と呼んで注目し、ここにこそ贖いのかなめがあると考察を深めてきました。「無化」というのは少々分かりにくい言葉ですが「無為」とすればその意味が多少伝わってくるでありましょう。「無為」は自らの行動を放棄するというよりもことごとく「他力」にゆだねる前向きな姿勢を暗示しています。イエスはあのゲッセマネでの苦悩のどん底で神に向かって「アッバ、父よ、あなたは何でもおできになります。この杯をわたしから取りのけてください。しかし、わたしが願うことではなく、御心に適うことが行われますように。」（マルコ14・36）と祈られました。この賛歌で「自分を無にして」とか「十字架の死に至るまで従順でした」と言われるのは、御父に対するイエスの全面的なゆだねを指しています。そして賛歌は歓喜のきわみに一気に向かいます。「このため、神はキリストを高く上げ、あらゆる名にまさる名をお与えになりました。こうして、天上のもの、地上のもの、地下のものがすべて、イエスの御名にひざまずき、すべての舌が、『イエス・キリストは主である』と公に宣べて、父である神をたたえるのです。」この部分がイエス・キリストの「復活」を歌い上げていることは言うまでもありません。

このようにこの賛歌は、人間の知恵を超えた神の救いのわざを歌い上げているのです。人となられた神の御子が御父のみ心である「贖い」をなし遂げるために、十字架の死に至るまでのへりくだりと従順を示し切ると、今度は御父が「無化」をもいとわなかった御子を復活の輝きまで引き上げ救い主となさった――「過ぎ越しの奥義」を見事に歌ったこの賛歌（キリスト賛歌）をキリスト信者は今日に至るまで大事にしてきました。

7　パウロの告白

イエス・キリストに真の救いを見出したパウロは、この信仰の喜びを次のように力強く語ります。

「わたしたちは、四方から苦しめられても行き詰まらず、途方に暮れても失望せず、虐げられても見捨てられず、打ち倒されても滅ぼされない。（中略）主イエスを復活させた神が、イエスと共にわたしたちをも復活させ、あなたがたと一緒に御前に立たせてくださると、わたしたちは知っています。すべてこれらのことは、あなたがたのためであり、多くの人々が豊かに恵みを受け、感謝の念に満ちて神に栄光を帰すようになるためです。

だから、わたしたちは落胆しません。たとえわたしたちの『外なる人』は衰えていくとしても、わたしたちの『内なる人』は日々新たにされていきます。わたしたちの一時の軽い艱難は、比べものにならないほど重みのある永遠の栄光をもたらしてくれます。

わたしたちは見えるものではなく、見えないものに目を注ぎます。見えるものは過ぎ去りま

すが、見えないものは永遠に存続するからです。」（二コリント4・8〜9、14〜18）

8 再び「永遠のいのち」について

先に「永遠のいのち」について考えましたが（一五七頁）、もう一度このことに触れてみましょう。

『ヨハネ福音書』は、イエスが御父に向かって「永遠のいのちとは、唯一のまことの神であられるあなたと、あなたがお遣わしになったイエス・キリストを知ることです」（17・3）と語りかけたと記しています。

『ヨハネ福音書』において「知る」という言葉は、単に何かを認識するというだけでなく、「知る対象と深くかかわり一致する」という意味で使われています。そうすると、「永遠のいのち」とは、父である神と、この方が遣わされたイエス・キリストと深くかかわり、一致することだとヨハネは教えるのです。わたしたちは、愛や友情に結ばれ、希望や夢を共にするとき、いのちの躍動感を覚え、生きている喜びを実感するものです。今、『ヨハネ福音書』はイエスに語らせながら、父である神と、この方が遣わされたイエス・キリストと深くかかわり、一致すること（＝知ること）こそ「永遠のいのち」である、と教えるのです。

そうです。移ろいゆく時間の支配のただ中で、このような「永遠のいのち」を、今ここで生きいきと生き始めること、父なる神とイエスが、有為転変の中で不安と苦しみを抱えて生きなければならないわたしたち各自を根底から支え、いつも共にいてくださると信じること、これがキリスト教信仰の告げる「救い」なのです。「共にいてくださる神」という聖書の根本テーマがここでも繰り返されています。

イエスはしばしば「あなたの信仰があなたを救った」（マルコ5・34など）と断言なさいました。

「救い」とは何よりも、今ここに始まることなのであって、決して現実から逃避することなのではありません。救いとは「永遠のいのち」と呼ばれる「神との交わり」を今・ここで生き始めることなのです。これこそ確かな喜びであると『ヨハネの手紙一』は次のようにわたしたちに呼びかけます。

「初めからあったもの、わたしたちが聞いたもの、目で見たもの、よく見て、手で触れたものを伝えます。すなわち、命の言について。――この命は現れました。御父と共にあったが、わたしたちに現れたこの永遠の命を、わたしたちは見て、あなたがたに証しし、伝えるのです。――わたしたちが見、また聞いたことを、あなたがたにも伝えるのは、あなたがたもわたしたちとの交わりを持つようになるためです。わたしたちの交わりは、御父と御子イエス・キリストとの交わりです。わたしたちがこれらのことを書くのは、わたしたちの喜びが満ちあふれるようになるためです。」（1・1～4）

まとめ

■イエスの復活はキリスト教の出発点である。

■人間は誰であれ「心の渇き」を覚えている。それは「とらわれからの自由／解放」と「確かなことで満たされたい」という二つの面がある。

■イエス・キリストの「十字架の死と復活」の過ぎ越しの奥義は、人間の救いの渇きに根本的に応えるものである。また、イエスは自分を信じる者に「御父と一緒に共にいる」ことをもって、今ここで「救い」が始まっていることを教える。

考えるヒント

■この節を読んで印象に残ったことがありますか。
■あなたにとって今、本当に満たされたい心の渇きとはどんなことですか。
■イエス・キリストの「十字架の死と復活」が、わたしたちの救いをもたらしたというキリスト教信仰を、あなたはどう思いますか。このキリスト教信仰の訴えが、あなたにとって難しく感じるとするなら、それはどうしてなのでしょうか。

注

(1) **クリストス**/Χριστός、ヘブライ語の「メシア/油注がれた者」をギリシャ語に直訳した言葉。イエスの出現の二世紀程前から「メシア思想」がユダヤ教社会に強くなり、さまざまなメシア像が生まれた。理想化されたダビデ王の末裔、原人アダムの楽園を回復する者、贖罪を身代わりで果たす苦難の僕などが代表的である。イエスは自分自身を救いをもたらす者と意識していたが、それは政治的救済ではなく霊的救済をもたらすという自覚であった。イエスの十字架の死と復活を体験した弟子たちやイエスに従った人々は、あの第二イザヤ書の「苦難のメシア」という思想をもって、イエスという謎に満ちた存在を理解しようとした。それがキリスト教固有のメシア観の骨子となるが、ユダヤ教はそれを認めない。イエスを「勝手にメシアと名乗って神を冒涜する者」として十字架につけて亡き者にしたユダヤ教は、ユダヤ国家再建のメシア待望を抱き続け今日に至っている。

(2) **信仰運動** ここで「運動」という言葉をあえて使ったのは、キリスト教という「宗教」は、教義や掟や制度を第一にするのではなく、場所や時代を超えて人と人との出会いのうねりの中で伝えられていく、いわば「いのちの連鎖」のようなものだからである。もちろん、教義や掟や制度は、キリスト教信仰が誤りなく伝えられていくために必要な「器」ではあるが、しかし、それはキリスト教信仰の目的ではない。キリスト教の長い歴史は、こうした点をめぐる揺れと浄化の歩みだったとも言える。

(3) **座禅** 呼吸をととのえて身心の安定と統一をはかる行で、仏教以前からインドに伝えられていた。

（4）**念仏**　阿弥陀如来の浄土に往生することを願って、ひたすら阿弥陀仏（如来）の名を称え続ける行。

（5）**禊ぎと祓い**　神に祈って、罪・けがれ、災禍を除き去る神事。

第二節　洗礼とキリスト信者

1　救いを告げに行きなさい

『マタイ福音書』は、復活したイエスが弟子たちから離れて昇天していく際に、次のように弟子たちに命じたと記しています。

「わたしは天と地の一切の権能を授かっている。だから、あなたがたは行って、すべての民をわたしの弟子にしなさい。彼らに父と子と聖霊の名によって洗礼を授け、あなたがたに命じておいたことをすべて守るように教えなさい。わたしは世の終わりまで、いつもあなたがたと共にいる。」（28・18〜20）

ここでまず注目したいことは、復活したイエスがすべての民に福音を宣べ伝えるために弟子たちを派遣したということです。弟子たちはまさに「使徒[1]」とされたのでした。もう一つは、「洗礼を授け、あなたがたに命じておいたことをすべて守るように教えなさい」と彼らに命じたことです。

ところで、「洗礼を授ける」という命令は、どのようなことなのでしょうか。このことについて考えてみましょう。

2　「洗礼」とは

「洗礼」というと何を連想するでしょうか。今日、この聖書固有の言葉はすっかり日本語に定着してしまい、社会でも広く使われるようになりました。「洗礼」という漢字で表された言葉は、「洗い清める」というイメージが基本で、あの洗礼者ヨハネが授けていた「沐浴の儀礼」

や「禊《みそ》ぎ」を連想させます。

しかし、「洗礼」と訳された聖書のもともとの言葉は「バプテスマ／βάπτισμα」で、それは水にどっぷり浸す「バプテゾー／βαπτίζω」を名詞形にしたものです。洗い清めるというよりも「水に浸す」「水に沈める」ということで、何か生命の危うささえ感じさせる言葉なのです。

先にイエスの宣教開始の様子を述べた際、「洗礼者ヨハネ」のことについて触れました（四六頁）。すでに見たように、信仰においてすっかり形がい化していたユダヤ教社会の中で、ヨハネは神との本来の関係に立ち戻るよう力強く呼びかけ、悔い改めのしるしとして「沐浴の儀式」をヨルダン川で行っていました。そのため彼は、人々から「洗礼者ヨハネ」と呼ばれていました。ヨハネが授けていた「洗礼／沐浴」は「バプテスマ」と呼ばれ、回心のしるしとして、それを望む人をヨルダン川の水に全身丸ごと浸していたのでした。

しかしヨハネは、自分は水で洗礼を授けるだけだが、きたるべき方は「聖霊と火であなたたちに洗礼を授ける」[2]（マタイ3・11～12）と告げ、イエスの洗礼がどのようなものであるかを予告していたのです。

3　イエスのもたらした「救いの恵み」と洗礼

今、復活したイエスは昇天（父のもとに戻ること）の前に、弟子たちに命じます。「あなたたちは行って、すべての民をわたしの弟子にし、彼らに父と子と聖霊の名によって洗礼を授けなさい」と。この言葉から、かつてあの洗礼者ヨハネが告げたイエスの「聖霊と火で授ける洗礼」とは、「父と子と聖霊の名によって」授けられる洗礼を指していたことが分かります。

それにしても「父と子と聖霊の名によって授けられる洗礼」とは、どのようなことなのでしょうか。それがなぜわたしたちにとって「救い」となるのでしょうか。この大事な点について理解を深めなければなりません。

先に「洗礼／バプテスマ」とは、どっぷり水に浸すことであると見ました。イエスが「父と子と聖霊の名によって洗礼を授けなさい」と命じるとき、イエスも洗礼者ヨハネの「洗礼／バプテスマ」を継承しています。しかし、イエスは明らかにこの「バプテスマ」という行いに新しい意味を込めたことが分かります。

聖書の原文ではイエスの命令は次のように直訳されます。「あなたたちは沈めなさい　彼らを　名の中に　父と子と聖霊の」。すなわち、「あなたたちは父と子と聖霊の名の中に彼らをどっぷり浸しなさい」と言うのです。すでに述べたように、聖書の世界では日本語と同様、「名」は名指されるそのものを指しています。したがって、「父と子と聖霊の名によって授けられる洗礼」とは、端的に「父と子と聖霊」そのもの（父と子と聖霊の神的な交わり）にすっかり浸され沈められることを意味しているのです。洗い流す「禊《みそ》ぎ」ではなく、神のいのちの交わりに加えられることが見えてきます。新約聖書では一貫して、人は洗礼によって「新しいいのち」に生まれ変わり、それが救いの恵みだと証言されます（ヨハネ3・3、ローマ6・3～4）が、その「新しさ」とは「父と子と聖霊の交わりに入ること」を指しているのです。

理解を深めるために

「父と子と聖霊」とは

イエスが「父と子と聖霊にどっぷり浸して沈めてしまうこと」を弟子たちに命じる時、いったい何を思い浮かべていたのでしょうか。この点をしっかり捉えることなしに新約聖書が伝える「洗礼」の意味を理解することはできません。

そこでいわゆる「三位一体」と言われていることについて少し考えて見ましょう。これまで「キリスト教」のエッセンスを理解する歩みを共に進めてきましたが、皆さんはあることに気づかれたことでしょう。わたしたちは最初に「イエス」のことについて学びを始めました。ところが、イエスは自分を「神から遣わされた」者と自覚し、その神を自分の「父」とみなすだけでなく、弟子たちにも神を「アッバ／父よ」と呼びかけるように招きます。さらに、これから見るように、イエスは死と復活を経て「父」のもとに戻り、そこから「聖霊／神の息吹き」を弟子たちに遣わすと約束なさいます。

このような流れを振り返ると、次のような不思議な事実が浮かび上がってきます。すなわち、【子】として【父】から遣わされたイエスの存在、このイエスを遣わした【父】なる神の存在、さらに【父】のもとからイエスが遣わすと約束した【聖霊】という存在で、それぞれが互いにかかわり合いながら一体をなしているということです。イエスが「父と子と聖霊の名によって洗礼を授けなさい」と言うとき、このような不思議な背景があるのです。

注目したいのは、こうしたことがイエスという存在を通してはじめて見えてきたことで、それはわたしたち人間にはまったく想像もつかないことだと言うことです。そのため、キリスト信者たちは、イエスによって示されたこの事実はいったいどのようなことなのかと問い始め、「三位一体」と名付けて、多くの学者たちがこの謎めいたテーマに取り組んできました。

唯一の神が「三位一体」という交わりの様相を帯びているということは、人間の思考能力をはるかに超えていることだけに、まことに興味深い問題だと言わなければなりません。

4 「父と子と聖霊の名によって授けられる洗礼」とは

復活したイエスが「父と子と聖霊の名による洗礼」を弟子たちに命じたのは、人々を深淵な謎の解明に招くことではなく、何よりもイエスにおいて示された「過ぎ越しの奥義」に参入させるためでした。このことを少し整理してみましょう。

(1)イエスは福音（＝神の支配の到来）を信じて生きるように訴えた。

(2)イエスは福音の目的である「過ぎ越しの奥義」を自らの「十字架の死と復活」を通してなし遂げ、そこに加わるよう招いた。

(3)人はイエスにおいて示された「過ぎ越しの奥義」を信じて、自分の一度の人生をそれにゆだねて生きることが許されている。

(4)「過ぎ越しの奥義」への参入は「父と子と聖霊」の交わり（神的ないのちの交流）の中にことごとく沈められ、そうしたいのちの領域（支配）に入らせていただくことによってなされる。イエスが弟子に命じた「洗礼」はこれを目的としている。

(5)この大いなる神のいのちの在りように入らせていただき、その中で生きるということは、それまでの古いいのちの在り方から新しいいのちの在り方へと変えられることである。

(6)このような「大いなる変化」を初代のキリスト信者たちは「恵み」と自覚した。すなわち、自力によって勝ち取ることではなく、ひとえにイエスの贖いのわざによって与えられたからである。そのために「イエスこそキリスト／救い主である」と告白するのである。

以上、イエスを自分にとっての「真のキリスト／救い主」と認め、イエス自身が身をもって示した「過ぎ越しの奥義」にこの自分もあずからせていただくことは、「洗礼／バプテスマ」によってしるされ、こうして人は新たに生まれ変わる――これは、最初のキリスト信者たちの確固たる確信でした。（ヨハネ3・3～8）そしてこの確信は、復活イエスが弟子たちに命じたこと、すなわち「あなたがたは行って、すべての民をわたしの弟子にしなさい。彼らに父と子と聖霊の名によって洗礼を授け、あなたがたに命じておいたことをすべて守るように教えなさい。」（マタイ28・19～20）という言葉に由来することは、これまで見てきた通りです。

5　この確信を書き記したパウロ

初代教会のキリスト信者のこうした「洗礼」についての確信を、パウロは宣教すべき教会の「教え」として次のようにまとめました。『ローマの信徒への手紙』(3)でパウロは次のように述べています。

「わたしたちは洗礼によってキリストと共に葬られ、その死にあずかるものとなりました。それは、キリストが御父の栄光によって死者の中から復活させられたように、わたしたちも新しい命に生きるためなのです。もし、わたしたちがキリストと一体になってその死の姿にあやかるならば、その復活の姿にもあやかれるでしょう。（中略）このように、あなたがたも自分は罪に対して死んでいるが、キリスト・イエスに結ばれて、神に対して生きているのだと考えなさい。」（6・4～5、11）

このようにパウロは、キリスト信者が行っている「洗礼／バプテスマ」とは、それにあずかる者がイエス・キリストの贖いのわざ、すなわち「過ぎ越しの奥義」に参与することだと教えるのです。自分本位の生き方に振り回されて支離滅裂に生きてきた罪深いこれまでの自分を、

「洗礼／バプテスマ」によって終らせ、神の大いなるいのちの中に立ち上がらせていただき、一度の人生を喜びと感謝と愛のうちに生きいきと歩み始める――それこそわたしたち人間が求めてやまない「救い」の確かな道だとパウロは言うのです。

キリスト信者（キリストの弟子）となるということは、このように「洗礼」をもって「過ぎ越しの奥義」にあずからせていただき、イエス・キリストの「神と隣人を愛する」という呼びかけを基本として一度の人生を歩むことなのです。

まとめ

■復活したイエスは「あなたがたは行って、すべての民をわたしの弟子にしなさい。彼らに父と子と聖霊の名によって洗礼を授け、あなたがたに命じておいたことをすべて守るように教えなさい」と弟子たちに命じた。

■弟子たちは、イエスが命じたように「真の救い」の福音を告げ、信じた人々に洗礼を授けた。

■キリストの命じた「洗礼」とは、禊ぎ（洗い清め）ではなく、父と子と聖霊の神的な交わり（神的な生命）にすっかり浸されることによって、古い自分に死に、神のいのちに新たに生かされることである。

考えるヒント

■この節を読んで印象に残ったことがありますか。

■これまであなたは「洗礼」についてどのように考えていましたか。

■「新しく生きる」とか「新しいいのち」などの言葉が聖書にはよく出てきますが、「過ぎ越しの奥義」とそれをしるす「洗礼」と一体のことだと考えていましたか。

■洗礼を受けたいという人の動機は、一般的にどのようなことでしょうか。それはイエスの命じる洗礼とどうつながっていくのでしょうか。

注

(1) **使徒**　ある目的を遂行するために遣わされた者を指す。新約聖書の言葉であるギリシャ語では「アポストロス／ἀπόστολος」と呼ばれた。後にラテン語では「アポストルス／apostolus」と訳った。キリスト教では、イエス・キリストから罪を赦す権能、教え、キリストを信じる者を牧する権能をゆだねられて遣わされた者を意味する。なお、カトリック教会が「使徒継承の教会」であるというとき、それは「使徒」からの信仰の遺産を誤りなく継承してきたキリストの教会であるという信仰告白を意味している。

(2) **聖霊と火で授けられる洗礼**　洗礼者ヨハネは自分が「水」で洗礼を授けるのに対して、来たるべき方は「聖霊と火」で洗礼を授ける、と予告する。ここでの「火」とは「聖霊／神の息吹き」の働き（使徒言行録2・3）を暗示し、火が鉱石を溶かして精錬するように、聖霊は人の心を熱して清めると告げる。洗礼者ヨハネは、自分が授ける洗礼は外的なしるしにとどまり、洗礼を受けた者の心の深みを変えることはないが、「来たるべき方（イエス・キリスト）」の洗礼は、その霊（息吹き）によって内的変化をもたらすと訴えた。

(3) **『ローマの信徒への手紙』**　AD五五年頃にコリントで書かれた書簡とされている。その後六〇年頃にパウロはローマに到着したが、皇帝ネロ（在位五四～六八）の迫害に巻き込まれて、六四年に当地で殉教した。

第三節　キリストの教会[1]とキリスト信者

1　「キリストの教会」の誕生

復活したイエスが弟子たちと共にいた四〇日の間、父のもとから「聖霊／神の息吹き」を送ると約束しておられたと『使徒言行録[2]』は記しています。（2・4、2・33）そして、約束通り五旬祭[3]の日に、一つに集まって祈っていた弟子たちの上に聖霊が降臨したのでした。『使徒言行録』を著したルカ[4]は、この様子をドラマチックな筆致で、弟子たちが神の息吹き（聖霊）に満たされて色々な言葉で語りはじめたため、各地からエルサレムにやって来た人々がそれぞれ故郷の言葉を聞いて驚き怪しんだと記しています。

ルカはこうした記述をもって、イエスの昇天からはやくも半世紀ほど経っていた当時のキリスト信者の共同体（教会）が、さまざまな言語の違いを超えて広がった事実に驚き、それを先取りする形で「聖霊降臨の出来事」として描いたのでしょう。

ルカが記すこうした驚きは、復活したイエスが弟子たちに「聖霊」を父のもとから送る約束をしていたこと、それによって教会が誕生するという彼らの証言を踏まえてのことです。イエスのもたらした福音と救いの希望が、こんなにまで多種多様な言語と文化にまたがって広がるという事実、それはまさに復活イエスが約束した「聖霊」の働きに他ならないという洞察がここにあります。

「聖霊の降臨をもって教会が始まった」というキリスト信者たちの確信の根本には、人間の発案や計画ではなく、神の働きかけこそが「イエスをキリストと信じる」自分たちの教会を生み出したのだという理解があります。

2　教会を導く「聖霊／神の息吹き」

それだけではありません。この聖霊が「教会」を導いているというのが、最初のキリスト信者たちのもう一つの確信でした。『使徒言行録』は、教会の誕生の後、かつてイエスに呼ばれた弟子たちが、ペトロを頭としてさまざまの妨害や暴力にも屈せず、「イエスこそキリストである」と力強く証ししていく様を描いています。あのイエスの受難の際に師をうち捨てて逃げたのとは大違いです。復活イエスに出会った彼らは、まさに大きく変えられたのでした。（2・14〜4・22など）

今や彼らは「聖霊に満たされ」、「聖霊に導かれ」て行動していきます。イエスの「教え（福音）」と「十字架の死と復活（過ぎ越しの奥義）」は一体のものであって、そこで示された真の救いへの招きは、イスラエルの民だけでなく、すべての人々に向けられているというのが、神の息吹き（聖霊）に満たされた使徒ペトロをはじめその仲間たちの一貫した訴えでした。イエスのことを告げる彼らのこうした果敢な行動は「宣教」(5)と呼ばれ、以後、今日に至るまでキリストの教会は、最初の使徒たちがなしたように、イエスの救いの喜び（福音）を告げることを根本的使命としているのです。

3　洗礼によって教会に加入する

『使徒言行録』は、教会の勢いある成長ぶりを次のように記しています。

イエスこそが「真の救い主キリスト」であると訴えたペトロの言葉に心打たれた人々が、『わたしたちはどうしたらよいのですか』と言った。すると、ペトロは彼らに言った。『悔い改めなさい。めいめい、イエス・キリストの名によって洗礼を受け、罪を赦していただきなさい。そうすれば、賜物として聖霊を受けます。』（中略）ペトロの言葉を受け入れた人々は洗礼を受け、その日に三千人ほどが仲間に加わった。彼らは、使徒の教え、相互の交わり、パンを裂くこと、祈ることに熱心であった。」（2・37〜38、41〜42）

ここでペトロは、「洗礼」の恵みとして罪のゆるしと「聖霊／プネウマ（息吹き）」を受けると教えています。これにもとづいてキリストの教会は、早いうちから「洗礼」に続いて「按手」[6]と「塗油」[7]を行いながら、聖霊の恵みが与えられることを目に見えるしるしをもって確認したのでした。

すなわち、このようなしるしによって、「洗礼」を受けてキリストの弟子となった者が、教会の使命にあずかり、福音の証しへと派遣されるということを自覚させたのです。ある意味で「洗礼」の仕上げとでもいうべきこの儀礼を、キリスト信者は「堅信式／堅信の秘跡」[8]と呼ぶようになります。

4　キリストにおける一致を目指して

イエスが弟子たちを「使徒」として「全世界に行って福音を伝え、洗礼を授ける」ことを命じて彼らを派遣したのは、自分がもたらした「罪のゆるしの恵み」を通して、人々が新しいいのちへと解き放たれる喜びを伝えるためでした。

そのため、キリスト信者とは、洗礼の恵みをスタートとして、福音（イエスの教え）に導かれながら辛抱強く「神のいのち」を生きていく者と言えます。このような生き方を選ぶということ、すなわち、「キリスト信仰」を生きるということは、ある意味で人生の賭けであるとも言えましょう。

しかし、洗礼の恵みによって「神の子」とされた個々のキリスト信者といえども、地上を旅する以上、相変わらずいろいろな苦しみや迷いを背負い、自分の弱さや限界を抱えながら歩み続けていかなければなりません。そのため、せっかくキリストの贖いの恵みに参与させていただいたにもかかわらず、時には恩知らずになったり、愛を忘れて身勝手な振る舞いに陥ってしまうことがあります。その結果「教会」を傷つけてしまうこともあります。こうしたわたしたち人間の現実に目を閉じることは許されません。

パウロは教会を「キリストの体」になぞらえて、内部で反目しあっていた当時のコリントの教会を次のようにいさめ励ましました。(9)

「体は一つでも、多くの部分から成り、体のすべての部分の数は多くても、体は一つであるように、キリストの場合も同様である。つまり、一つの霊によって、わたしたちは、ユダヤ人であろうとギリシア人であろうと、奴隷であろうと自由な身分の者であろうと、皆一つの体となるために洗礼を受け、皆一つの霊をのませてもらったのです。体は、一つの部分ではなく、多くの部分から成っています。（中略）あなたがたはキリストの体であり、また、一人一人はその部分です。」（一コリント12・12〜14、27）

また、パウロは『ローマ書』でつぎのように言います。

「愛には偽りがあってはなりません。悪を憎み、善から離れず、兄弟愛をもって互いに愛し、尊敬をもって互いに相手を優れた者と思いなさい。怠らず励み、霊に燃えて、主に仕えなさい。希望をもって喜び、苦難を耐え忍び、たゆまず祈りなさい。」（12・9〜12）。

「忍耐と慰めの源である神が、あなたがたに、キリスト・イエスに倣って互いに同じ思いを抱かせ、心を合わせ声をそろえて、わたしたちの主イエス・キリストの神であり、父である方をたたえさせてくださいますように。」（15・5〜6）

このように「キリストの教会」とは、救いを必要としている生身の人間から成る信仰集団です。イエスを「キリスト／真の救い主」と信じ、その方こそ人生に確かな意味を与える希望（目標）であると見なし、その方が教えた「神と隣人への愛」を互いに生き合う、いわば「キリストの民」なのです。

5　「旅する教会」ということ

「キリストに対する信仰」は日々の歩みと一体です。それは、救いの完成を目指す「信仰の旅」であり、神の愛と向き合いながら進められていく「浄化の旅」でもあるのです。受けた恵みにふさわしく、ゆっくり成長していく気の長い歩みの中でしか、わたしたち人間は神の愛に応えることができないからです。

「洗礼／バプテスマ」とは、「父と子と聖霊の神的ないのちの交流（響き合い）」にどっぷり浸たることでした。人は、この大いなる「神のいのちの交流（響き合い）」の中で、浄化され、変えられ、徐々に聖化(10)されていくのです。キリストがもたらした「真の救い」とは、このような変化を信仰者にもたらす力強い恵みなのです。

こうして浄化され、神の愛のうちに成長していく個々のキリスト信者によって構成される教会は、時代から時代へと歩み続ける「旅する教会」であると自覚してきました。「救いの恵み」の道具・器としてよりふさわしく成長していくべきだという自覚です。この考えは「キリストの教会」を理解する上で、決して欠かすことのできない大事な視点です。

まとめ

■ 聖霊が送られたために「聖霊降臨」と呼ばれるようになったこの五旬祭（ペンテコステ）の出来事は、イエスの言動においてなされた救いのわざが、それで完結したことを意味すると同時に、今度は、教会を通してなされる救いのわざ（霊的な刈入れ）が始まったことを意味する。

■洗礼を受けキリストの教会に加入する者には、「聖霊／神の息吹き」が恵みとして与えられ、教会の宣教の使命にあずかる者となる。

■洗礼を受けたとしても人間的な弱さは残るために、キリスト信者は愛をもって互いに励まし合い、忍耐と希望のうちに浄化されていく。教会はこの現実を踏まえて自分自身を「旅する教会」と自覚してきた。

考えるヒント

■この節を読んで印象に残ったことがありますか。

■キリストの教会は人間的な発意や計画によって生まれたものでないことを「教会」を意味するもともとの「エクレーシア」（エカローの派生語）という語から味わってみましょう。

■しばしば「教会」に完全さを期待する人がいますが、どのような誤解のためなのでしょうか。

■人間各自は「浄化の旅」をたどって行くということを実感しますか。

注

（1）**教会**　日本語で「教会」と訳された聖書本来の言葉は、ギリシャ語の「エクレーシア／ἐκκλησία」で「集会」を意味し、動詞「エカロー（呼び集める）」の派生語。キリスト教徒は「神に呼び集められた集会、集団」という意味合いで、自分たちの信仰共同体を「エクレーシア」と呼んでいた。ちなみに英語の「チャーチ／Church」は、ギリシャ語の「キリアコス／主の（もの）」に由来し、ゲルマン人はキリスト教徒の礼拝堂を指す言葉としてこれを用い「チャーチ」と訛った。

(2) **『使徒言行録』** パウロの伝道旅行に参加していたルカが、自分のしたためた『ルカ福音書』の第二部として七〇年から八〇年の間に書かれたとされている。草創期のキリスト教の様子が、前半はペトロを中心に後半はパウロを中心に描かれている。

(3) **五旬祭** もともとは小麦の収穫を祝うユダヤ人の収穫祭。大麦の初穂を捧げる日から数えて五〇日目に当たるので「五旬祭」と呼ばれた。ギリシャ語で「ペンテコステ」と言う。

(4) **ルカ** 七〇年~八〇年の間に書かれたとされる『ルカによる福音書』の著者。

(5) **宣教** 新約聖書で、イエス・キリストが「真の救い主」であると公に宣言することは、「ケーリュソー/κηρύσσω (広く告げ知らせる)」、「エウアンゲリゾマイ/εὐαγγελίζομαι (喜ばしいことを知らせる)」という言葉で表されている。後にラテン語の時代になると「ミッシオ/missio (派遣)」という言葉が使われるようになった。英語で「ミッション/mission」と言われる。「ミッション・スクール」とは、主に修道会などのキリスト教の教育機関が経営する学校で、教育活動を通してイエス・キリストの福音を伝えることを建学精神としている。

(6) **按手** 人や物の上に手をかざして、聖霊の働きや祝福を与える所作で、イエスやその弟子たちが行ったことに由来する。キリストの教会では、特に聖霊の働きを求める象徴的行為としてこの行為は大事にされてきた。

(7) **塗油** 古代の宗教に広く見られた儀礼で、油を塗る対象を祝福し聖なるものとするため、あるいは、病気や傷の治癒のためになされた。キリストの教会においては、聖霊を受けるしるしとして、洗礼、堅信、叙階の秘跡の按手の際に「塗油」が行われる。また、病者の癒しの願いにおいても塗油がなされ「病者の塗油」の秘跡と呼ばれる。

(8) **堅信式/堅信の秘跡** ラテン語では「confirmatio/コンフィルマチオ」と呼ばれたが、それは「激励、確認」を意味する。

(9) **コリントの教会** パウロの時代、コリントはローマ帝国のアカイア州の首都で人口六〇万を抱える当時の一大商業都市だった。異教の神々の信仰が盛んで、中でも女神アフロディテの神殿には一〇〇〇人を数える神殿聖娼が仕えていたほどである。パウロはこの街にキリストの教会を建設したが、こうした異教の影響と戦わなければならなかった。

(10) **聖化** 聖書の世界では、「神のものとされる」ことを意味する。すなわち、神の愛に応え神のいのちに活かされながら人は聖化されていく。

第四節　使徒継承の教会とミサ聖祭

1　使徒たちから継承されていったキリストの教会

イエスに呼ばれた弟子たちは、「使徒」とされてイエスから権能を授かり、教会の礎《いしずえ》となりました。

「あなたがたを受け入れる人は、わたしを受け入れ、わたしを受け入れる人は、わたしを遣わされた方を受け入れるのである。」（マタイ10・40）

「はっきり言っておく。あなたがたが地上でつなぐことは、天上でもつながれ、あなたがたが地上で解くことは、天上でも解かれる。」（マタイ18・18）

「あなたがたに耳を傾ける者は、わたしに耳を傾け、あなたがたを拒む者は、わたしを拒むのである。わたしを拒む者は、わたしを遣わされた方を拒むのである。」（ルカ10・16）

これらの言葉から、ご自分の権能を使徒たちにゆだねるイエスの意気込みと、彼らに対する凄まじいばかりの期待感が伝わってきます。そのため初期のキリスト信者たちがどれほど「使徒」たちの存在とその教えを大事にしていたか、一世紀末頃に書かれた『ディダケー（一二使徒の教訓）[1]』は、それをよく表しています。

自分たちの信仰共同体（教会）は、キリストに起源を持つ「使徒から継承された教会」であり、この教会を通してイエス・キリストとの出会いと信仰が誤りなく継承されていく――これはイエスから使徒とされた人々と、彼らのあとを継いだキリスト信者たち（教会）の確信でした。

今日に至るまで、「使徒継承の教会」を守るために、異端と闘ったり、厳しい迫害をしのんだりと、どれほどの犠牲がはらわれてきたか、想像を絶するものがあります。

2　位階制度―使徒の役割を担う全面的な奉仕のかたち

パウロはすでに教会における「使徒」の役割を強調していました。教会を「キリストの体」となぞらえて、体のいろいろな部分がそれぞれに役割を果たしているように、キリストの教会も同じだと教えます。

「あなたがたはキリストの体であり、また、一人一人はその部分です。神は、教会の中にいろいろな人をお立てになりました。第一に使徒、第二に預言者、第三に教師、次に奇跡を行う者、その次に病気をいやす賜物を持つ者、援助する者、管理する者、異言を語る者などです。」（一コリント12・27～28）。

パウロはこのように、教会には秩序があると教え「使徒」が第一だと強調したうえでさらに言います。

「こういうわけですから、人はわたしたちをキリストに仕える者、神の秘められた計画をゆだねられた管理者と考えるべきです。この場合、管理者に要求されるのは忠実であることです。」（一コリント4・1～2）と教えます。

「使徒継承の教会」は、イエス・キリストが残された救いの恵みと教会の秩序を保っていくために、ユダヤ教の伝統から「長老制」を、ギリシャ社会からは「監督と執事」の制度を取り入れていくようになりました。二世紀に入ると、それは次第に「司教―司祭―助祭」という形ある奉仕職として教会共同体に深く組み入れられ、教会を支えるいわば屋台骨のような役割を担うことになります。しかし、このような目に見える「集団的権威」の姿は、あくまでも、イエス・キリストからゆだねられた権能に仕えるものであって、信仰共同体への奉仕を目的としていることは言うまでもありません。イエスは弟子たちに強調なさいます。「あなたたちの中で偉くなりたい者は、皆に仕える者になり、いちばん上になりたい者は、すべての人の僕になりなさい。」（マルコ10・43〜44）そう言って、自分に倣って真の救いをもたらすために徹底的にいのちを与え尽くす（仕える）ことを彼らに要求したのでした（マルコ10・42〜45）。

今日、「教会」と言われるキリスト信者の眼に見える信仰共同体の姿は、まさに使徒とされた弟子たちとその後継者たちの働きの結果なのです。先に見たように、使徒ペトロを頭とするその仲間たちの後継者たちは、その後「司教」[2]と呼ばれるようになり、按手によってイエスからゆだねられた権能を次の者に引き渡してきました。歴史の推移のなかで生まれた司祭や助祭の奉仕職は、それぞれ「団／グループ」をなし、司教の権限を分担します。「位階制度」と呼ばれる集団的な権威は、このような形を取りながら教会を支えてきたのです。

なお、イエスによって使徒たちの頭とされたペトロの後継者は、司教たちの長《おさ》として「パパ／教皇」[3]と呼ばれるようになり、今日まで教会全体の要《かなめ》として継承されてきました。二〇一三年三月一三日に新教皇に選ばれた現教皇フランシスコは、ペトロから数えて二六六代目に当たります。

3 使徒継承の教会の中で洗礼を受ける

さて、先にみた洗礼はこの「使徒継承の教会」が行う信仰の行為です。なぜならイエスは使徒たちに「あなたたちは行って、すべての民をわたしの弟子にしなさい。彼らに父と子と聖霊の名によって洗礼を授け、あなたがたに命じておいたことをすべて守るように教えなさい。」（マタイ28・19〜20）と命じたからです。したがって、洗礼を受ける者は「使徒継承の教会」においてそれを受け、この教会（信仰共同体）の交わりに入るのです。

この「教会の交わり」とは、人間的な交流ではなく「最後の晩餐」でイエスが命じられた贖いの記念の食事に参加することを根本とします。すなわち、洗礼を受けてキリスト信者となった者は「感謝の祭儀／エウカリスチア」に参加し、「キリストの教会」の一員として新たに生き始めるのです。

4　感謝の祭儀／エウカリスチア(4)

初期の教会において、洗礼の恵みを受けた者はそのまま「最後の晩餐の記念」の儀礼にあずかりました。すでに見たように「最後の晩餐」とは、イエスが受難の直前に、弟子たちと共にした食事のことです。

過ぎ越し祭の食事だったこの「最後の晩餐」を、イエスは自分のいのちを与え尽くして成し遂げる「贖いのわざ」の記念とし、それを行うことを命じたのでした。そのねらいは「パンとぶどう酒」に託しながら自分自身を「まことのいのち」として差し出し、それを食する者が自分と一致して生きることにあります。

このために最初のキリスト信者たちは、「最後の晩餐の記念」をギリシャ語で「エウカリスチア／感謝の祭儀」と呼んだのでした。なぜなら、この食事は真の救いの道を開いてくれたイエスを想起する食事であり、何よりも自分自身をいのちの糧として差し出す愛深いイエスに出会う食事だったからです。また、この食事では参列者が祝福された一つのパンを裂いて共に食していたため「パンを裂く式」とも言われていました。

『使徒言行録』には、最初のキリスト教徒の様子が次のように描かれています。

「信者たちは皆一つになって、すべての物を共有にし、財産や持ち物を売り、おのおのの必要に応じて、皆がそれを分け合った。そして、毎日ひたすら心を一つにして神殿に参り、家ごとに集まってパンを裂き、喜びと真心をもって一緒に食事をし、神を賛美していたので、民衆

全体から好意を寄せられた。こうして、主は救われる人々を日々仲間に加え一つにされたのである。」（2・44～47）

「感謝の祭儀／エウカリスチア」、「パンを裂く式」と呼ばれた「最後の晩餐の記念式」は、後に「聖体祭儀[5]」とか「最後の晩餐の秘跡[6]」、あるいは、「ミサ」と呼ばれるようになります。今日では一般に「ミサ」という言い方が広く使われています。

理解を深めるために

なぜ「ミサ」と言うのか

「感謝の祭儀／エウカリスチア」「パンを裂く式」などと呼ばれた「最後の晩餐の記念」の式は、ラテン文化圏に入るとローマ帝国の公用語のラテン語でも執り行われるようになります。式の終りには「イテ・ミサ・エスト／Ite missa est.／解散です（これをもって終了、解散）」と、礼拝集会の終了が告げられました。

「解散」の呼びかけのルーツはさらに古く、古代教会のギリシャ語の時代、感謝の祭儀の前半（み言葉の部）が終ると、助祭が「求道者の皆さんは、ここで退席してください」と呼びかけ、その後、キリスト信者だけで「主の食卓」を囲み、感謝の祭儀の後半を続けました。当時、キリスト信者でなければ感謝の祭儀の中心部分に参加することが許されず、求道者は前半だけの参加だったのです。

ラテン語の時代になると、同じように前半部の終りに「イテ・ミサ・エスト／Ite missa est.／解散です」と言われていたのですが、次第に式の最後に言われるようになりました。さらに、六世紀になるとこの解散の言葉の中の「ミサ／Missa」をもって、「最後の晩餐の典礼」そのものを指すようになったのです。また、「missa」という語には「派遣」の意味があるため、「最後の晩餐の典礼」に参加した者はその恵みを伝えるために、祭儀の場から日常生活へと派遣されていくという理解が「ミサ」という呼び名に込められ、今日に至っています。

5　日曜日は「主の日」

イエスの復活を体験した弟子たちとその証言を信じて受け入れ、「洗礼」によってキリスト信者となった人々は、イエスが復活されたことにちなんで「日曜日」を「主の日」[7]と呼ぶようになりました。さらにこの日にイエスを偲んで祈るために集まった人々は、イエスが最後の晩餐で「わたしの記念としてこれを行いなさい」（ルカ22・19）という言葉に従って、それを儀礼化して行うようになったのでした。今日でもカトリック教会や東方教会で、日曜日毎に「ミサ聖祭（感謝の祭儀）」を行うのは、こうした初代教会からの信仰の伝統を継承するからです。

四世紀に入ると「主の日／日曜日」は、ユダヤ教の「安息日」[8]の慣習にならって労働を休む日とされました。今日のわたしたちの日本社会でも「日曜日」が公休日となっているのは、実はキリスト教の影響なのです。

6　教会を活かし続ける「み言葉と聖体の秘跡」

使徒継承の教会は「主日のミサ」をきわめて大事にしてきました。それは過ぎ越しの奥義を記念する「ミサ聖祭／エウカリスチア」を共に祝うことによって、キリスト信者の共同体（教会）は、父なる神から力を得、霊的に養われていくと確信してきたからです。洗礼を受けてキリスト信者となった者が「ミサ聖祭」に参加するのは、「み言葉」[9]と「聖体の秘跡」によってイエス・キリストと人格的に出会い、キリストに生かされた「信仰共同体」の形成を共に目指し、力を合わせて「福音」を伝えていこうとするからです。

ところで、ミサ聖祭は大きく「ことばの典礼」と「感謝の典礼」の二つの部分から成り立っています。「ミサ聖祭」をよく理解するためにこのことについて見ていきます。

7　ミサ聖祭における「み言葉の典礼[10]」

まずミサの前半で、参列者は「み言葉」に耳を傾けます。ここでの「み言葉」とは、信仰をもって書かれた聖書（旧約・新約聖書）の記述のことです。

「言葉」は情報を提供するだけではありません。それは、慰めや癒しをもたらす光であり、自覚をうながす呼びかけや訴えであり、いのちを鼓舞する力でもあります。教会は、「新約聖書」だけでなく、真の救い主イエスの到来を準備したイスラエル民族の「聖書（旧約聖書）」をも尊び、救いを呼びかける神の「言葉／メッセージ」として大事にし、それをミサ聖祭において読み上げます。

主日のミサでは、最初に旧約聖書の一部が朗読されます。イエス・キリストに向かう「救いの歴史」である旧約時代の実際の歩みやイスラエルの民の信仰を確認します。

次に、二番目の聖書朗読として新約聖書の中からパウロなど使徒たちの書簡が読まれます。彼らの豊かな教えに耳を傾けることによって、自分の生活を振り返り、信仰の生き方を学ぶのです。

そして最後に「福音書」に記されたイエス・キリストの言葉が読み上げられます。まさに人となった神の「み言葉（神のみ心）」そのものである救い主イエスとの出会いが、「福音書」の朗読を通して引き起こされるのです。

なお、ミサの前半をなす「み言葉の典礼」には、祈りや説教も含まれます。先に「言葉」は呼びかけや訴えでもあると言いました。参列者は聖書朗読や祈り、あるいは、説教を通して語られる「神の言葉」に耳を傾けながら、神のみ前に自分を振り返ります。現実の自分に向けられる神の呼びかけは、慰めだけでなく、新たな気づきをもたらし、時には心を強くゆさぶり、バラバラになっていた自分をとり戻すときでもあるのです。困難に立ち向かう勇気や希望をいただいたと感じるとき、まさに人間の弱さにいのちの力が注ぎ込まれます。

このようにして、「教会／信仰共同体」は神のみ言葉に養われ導かれていくのです。

8 「感謝の典礼」―「聖体」はミサ聖祭のかなめ

わたしたちはすでに「最後の晩餐」の意味について繰り返し述べてきました。「聖体祭儀」と呼ばれているこの秘跡が「キリストの教会（＝信仰共同体）」の土台をなし、「主日のミサ」に参列するキリスト信者を養い続けてきたことは否定できません。

ところで、ここで強調しなければならないことは、「聖体」をいただきその恵みにあずかるということは、イエス・キリストとの個人的な出会いだけの問題ではないということです。

日本語で「同じ釜のメシを食う」という言い方があります。「いのちを共有する自分たち」、「同じいのちに結ばれているわれら」ということの表現です。ミサに参加し、「取って食べなさい」というイエスの呼びかけに応えてキリストを信じる者たちが「聖体」をいただくということは、神のいのちにおいて互いに「連帯」し合うことなのです。このことを教会は当初から大事にしてきました。

「聖体」という形で差し出されたイエス・キリストを「いのちの糧」としていただくということは、イエス・キリストに結ばれる「わたしたち」という自覚のときなのです。そのために教会は、ミサにおいて信者たちが聖体を受けることを古来から「コンムニオ[11]／communio（ラテン語）」と呼んできました。「交わり、一致」という生きいきとした体験を指す言葉です。日本の教会では「聖体拝領」と呼んでいますが、本来の大事な意味を十分に表していないのは、少々残念なことです。

この「聖体」における一致や連帯感は、人間的な感情のことではありません。イエス・キリストがもたらした「神的ないのち」に共に参与し、教会の使命である「福音の証し／宣教」に力を合わせていく促しのときなのです。聖体にあずかる者は、神との関係を個人的に生きるのではなく、同じ信仰、同じ洗礼に結ばれたキリスト信者としての連帯・仲間意識をもって生きるのです。先に、イエス・キリストが「父」と呼びなさいと招いたあの神は、わたしたちに寄り添い、歩みを共にしてくださる方であると知りました。今、「聖体」を共に受けてこの神のいのちにあずかった信者たちは、互いに支え合いながら心を一つにして歩むことが求められるのです。まさに「神を愛し、隣人となりなさい」というイエスの悲願に応えなくてはなりません。

9　使徒継承の教会に託された「罪のゆるし」―ゆるしの秘跡について

「使徒継承の教会」を考えるとき決して忘れてならないことがあります。それはイエス・キリストが使徒とされた弟子たちに「罪を赦す権能」を与えたということです。ある意味で「使徒からの継承」というのは、この点にかかっていると言っても過言ではありません。なぜならば、イエスの使命は「過ぎ越しの奥義」にあらわれますが、それは生前のイエスが「あなたの罪を赦す」という宣言に始まり、十字架の贖いによって完成をみたからです。それを見越してイエスは弟子たちに次のように言い渡します。

「はっきり言っておく。あなたがたが地上でつなぐことは、天上でもつながれ、あなたがたが地上で解くことは、天上でも解かれる。」（マタイ18・18）

また、弟子たちの頭に指名したペトロには「わたしはあなたに天の国の鍵を授ける。あなたが地上でつなぐことは、天上でもつながれる。あなたが地上で解くことは、天上でも解かれる。」（マタイ16・19）と言い、『ヨハネ福音書』は復活したイエスが「だれの罪でも、あなたがたが赦せば、その罪は赦される。だれの罪でも、あなたがたが赦さなければ、赦されないまま残る。」（20・23）と念を押したと記しています。

「罪のゆるし」はまさに恵みであり、イエス・キリストの「贖いのみわざ」にあずからせていただくことに他なりません。そして、それは何よりも「洗礼」の秘跡において実現することについては、これまで見てきた通りです。

ところで、教会に属するキリスト信者は誰もが、非の打ちどころのない立派な人々であるかのような誤解がしばしば見られます。しかし、キリストの教会は、たとえ洗礼の恵みを受け確かな救いの保証を与えられた人々の集いであっても、現実的には罪深さを抱えながらそれと闘い、神の力添えによって浄められていく人々の集団でもあるのです。

そのため、カトリック教会はキリストの贖いのみわざを記念し感謝する「ミサ聖祭」の開始において、「全能の神と、兄弟の皆さんに告白します。わたしは思い、言葉、行い、怠りによって度々罪を犯しました。聖母マリア、すべての天使と聖人、そして兄弟の皆さん、罪深いわたしのために神に祈ってください」と互いに告白し合うのです。また「主の祈り」で、イエスが互いに罪や負い目を赦し合うことをわたしたちに祈らせるのも、わたしたちの罪深い現実を見越していたからでありましょう。

一方、「あなたの罪を赦す」というイエス・キリストの権能は、使徒継承の教会に受け継がれ、

「ゆるしの秘跡」として形をとるようになりました。キリスト信者は自分を振り返り、もし「神と隣人を愛しなさい」というイエスの悲願からひどくはずれて罪を犯した（的をはずれた）と気づくならば、正直に自分の非を認め、使徒の権能に奉仕する司教・司祭を介して罪のゆるしをいただきます。「使徒継承の教会」を通してこの恵みにあずかることは、信仰の旅を続けるキリスト信者にとって、どれほど大きな慰めと勇気の源となることでしょう。

理解を深めるために

「秘跡」とは

(1)「秘跡」と人間

カトリック教会（東方教会を含む）は、秘跡を目に見えない神の恵みを感覚的「しるし」と「言葉」をもって示す行為であると見なしてきました。しかし、こうした秘跡は魔術的なものではなく、それを受ける者と神との人格的な出会いを引き起こす生きた「しるし」なのです。魔術は手品のように、トリックによって普通ではあり得ないことをやって見せる術を言いますが、「秘跡」はそんなものではありません。

当時の人間的・社会的な文脈の中で展開した、人々とイエスとの具体的な出会いを経験することは、今を生きるわたしたちにはもはや不可能なことです。しかし、復活したイエスを信じる者たち（＝教会）の間に生きておられるというのは、キリスト教信仰の根本です。こうしたイエス・キリストの現存を教会は、日常の控えめな「モノ」、すなわち、少々のパンとぶどう酒、油、水、按手のためにかざされる手などを用いて「しるす」のです。こうした行為は、先に見たようなイエス自身の「救いの恵みをしるす行い」をまねることであり、また、イエスはその継続を命じたのです。

教会が行う「秘跡」は、人間の原点、すなわち、人間の宗教性（超越への開き）と深く関係しています。自然の広がりや森羅万物とそこで息づくいのちは、本来的に人間に向けられた神の呼びかけです。人間はそれに触れながら、自分がどこから来てどこへ向かう存在であるかに気づき、自分のいのちの完全な充足の在りかを求めるのです。したがって、「秘跡」は機械的に働く魔術的な儀式なのではありません。それは全存在が持つ秘跡的な特質を踏まえた教会の営みなのです。

目に見えない神の恵みを感覚的しるしと言葉をもって示す行為。神と人との生きいきとした出会いという恵みがしるされ、秘跡を受ける当人がさらに自己に成長していく契機。人となられた神の子イエス・キリストの救いのわざがしるされ、生きる希望と意欲が注がれる恵みのとき。聖体の秘跡が典型的に示すように、個人的な主観や心情を超えた「いつくしみ深い神との出会い」の目に見えるしるし――カトリック教会の「秘跡」理解は、人間である不思議さと結びついているのです。

(2) 見えない世界としるし

「秘跡」を身近なこととして理解するために「祈り」を例にとって考えてみます。悲しい事故や災害の犠牲者を追悼するとき、人々は亡くなった人々の安らぎを願って「黙祷」を捧げます。一斉に無言のうちにしばし目を閉じて祈る光景は、それを行う人々だけでなく、テレビや報道写真でそれを観る人々にも厳粛な何かを感じさせます。それは「日常のとき」とは違う、亡くなった人々との交流の「とき」、神的（霊的）な次元と接する「とき」を感じるからでありましょう。この自分（たち）とかかわった近しい死者が「見えない神的な次元」に居つづけ、その彼らとの交流を今・ここで行うとき「俗」の時間が停止するのです。黙祷だけでなくおよそ「祈り」にはすべてこうした厳かさを感じるのは、日々の生活の背景にある見えない世界と向き合うからです。

ここで注目したのは、こうした「祈り（＝神的次元との交流）」が、必ず何かの「しるし」をもって表現されるということです。目を閉じて頭を下げること、手を合わせたりして一斉に同じ動作をして思いを一つにあらわすことなど、文化の違いによって多少の差があるものの、「祈り」には「しるし」が伴います。黙祷であれ個人や集団で共に声を出して祈る場合であれ、言葉や所作や儀礼は欠かすことのできない「しるし」です。

見えない世界を「しるし」で表し、それを共有しようとすることは、人間の最大の特徴で、「祈り」はその最たるものです。しかし、よく考えてみれば人間のあらゆる活動は、「見えないことを行為をもってしるす」ことにつきると言っても過言ではありません。「心の思い」は直接見たり触れたりすることはできません。何らかの五感に伝わる「しるし」や行いで表されない限り相手に伝わらないからです。眼差しや表情、言葉や動作、それに文章や記号、絵や歌や音楽、舞踊、料理や宴会など、およそわたしたちが普段あたり前に行っているすべてのことがらは、よく考えてみれば「見えない世界／こころ」を出来事として表した行動的な「しるし」であることが分かります。見えない心の世界は身体の五感に訴える「しるし」で表され、それをもって互いに心の交流をはかること――「秘跡」というテーマの基盤は人間のこうした根本的な営みにあるのです。

(3)「しるし」と「言葉」

もう一つ見逃せない大事なことがあります。それは「しるし」には必ず「言葉」が伴っているということです。誕生日の食卓を飾る美味しいごちそうは、「誕生日を迎えたその人」の存在を喜ぶ心、家族の愛情（という目に見えない心）の生きた「しるし」であり、その喜びを形にしたものです。しかし、必ず「言葉」をもってこの喜びに満ちた食卓という「出来事の意味」が、お祝いの言葉をもって伝えられます。

　このように「しるし」は、その意味を伝える「言葉」と一体で、言葉を伴わなければ、ただ消えていく一過性のことでしかありません。したがって、「言葉」が見えない世界をあらわす「出来事／しるし」に意味を与えるのです。

　「秘跡」を理解するためにこの点はきわめて大事です。「秘跡」は単なる「象徴」ではなく、「言葉」と「しるし」によってそこに引き起こされる「生きた出来事」なのです。「象徴」は看板のようなもので、共通認識をもたらす役割でしかありません。しかし、黙祷や誕生日パーティーの例のように、そこに展開される出来事は、単なる「象徴」で片づけられてしまうことではありません。それはまさに、「いのち」が今・ここで躍動し展開する生きいきとした「出来事」であり、言葉をもって参加する人々に「意味」を体験させる出来事なのです。

コラム21　「秘跡」はさまざまな形をとる

「洗礼の秘跡」、「堅信の秘跡」、「聖体の秘跡」、「叙階の秘跡[12]」、そして今触れた「ゆるしの秘跡」は、どれもイエス・キリストの救いの恵みを、五感に訴える具体的なしるしと、そこでしるされることの意味を宣言する言葉から成り立っています。それを授ける教会は、具体的なしるしと言葉をもって、それぞれの秘跡を受ける当人と神からの恵みとの、いわば仲介の働きをするのです。それは「教会」そのものが、イエス・キリストの救いの恵みのしるし（道具、器）として、聖霊（神の息吹き）によって生み出されたからです。先に触れたように「秘跡」は有り難いおまじないとか魔術などではありません。それは教会を介した（秘跡を受ける）当人と神ご自身との人格的な出会いの中で引き起こされる「聖霊の働き」、すなわち、救いの恵みのときなのです。

なお、すでに五つの秘跡をあげましたが、カトリック教会はそれに「病者の塗油の秘跡」と「結婚の秘跡」を、秘跡そのものである教会自身の働きとして加えます。

「洗礼の秘跡」においては神の子とされ、三位一体の神のいのちの交わりを生きる恵みが、「堅信の秘跡」においてはキリストの救いを証しする聖霊のたまものが与えられます。「聖体の秘跡」では、復活したイエス・キリストを聖体という形で共に食することによって、キリスト信者たちが互いに一致する恵みが与えられます。「ゆるしの秘跡」においては罪のゆるしが、「叙階の秘跡」においては教会にゆだねられた権能に奉仕する恵みと力が与えられます。さらに「結婚の秘跡」においては神の愛を家族の絆の中で実現していく力が、そして「病者の塗油の秘跡」においては神への信頼と病苦に耐えるたまものが与えられるのです。

10　キリストの教会と聖母マリア

教会は誕生のときから、イエスの母マリアを敬い大切にしてきました。『使徒言行録』は、「彼ら（使徒たち）は皆、婦人たちやイエスの母マリア、またイエスの兄弟たちと心を合わせて熱心に祈っていた。」（1・14）。と記しています。

また、『ルカ福音書』に記された「マリアの賛歌」（1・46～55）は、マリア個人の信仰告白にとどまらず、イエス・キリストの福音を信じた教会の喜びにみちた力強い信仰の宣言でもあります。真の救い主を待ち望み、不安を抱きながらも「お言葉の通りなりますように」（ルカ1・38）と、救い主の母となることを神への深い信頼をもって受け入れたマリアでした。そしてこのマリアは、イエスの悲惨な十字架の下で言い知れぬ悲しみに打ちひしがれながら、母の心をもってわが子の贖いのみわざに参加したのでした。

このようなイエスの母マリアが、弟子たちをはじめ最初のキリスト信者たちにとって特別な存在となったのは当然のことです。このため、イエス・キリストの母マリアを崇敬する伝統が、[13]その後の長い教会の歩みの中で保たれ、励ましや希望の源となってきました。なぜなら、いつの時代にあっても、マリアは個人としても信仰共同体（教会）としても、キリストを信じて生きることのモデルだったからです。

理解を深めるために

「アヴェ・マリアの祈り」

「アヴェ・マリア」と言えば、シューベルトやグノーなど多くの作曲家の素晴らしい曲が人々に親しまれ、知らない人はいないほどです。しかし、これらの曲はすべてイエスの母マリアに対する伝統的な「アヴェ・マリアの祈り」に曲づけされたものです。この祈りは教会の草創期からのマリアに対する崇敬の結晶ともいうべきもので、中世期に完成されました（祈りといっても「礼拝の祈り」ではなく、イエスの母マリアに「取次ぎを願う」祈り・代願であることを忘れてはなりません）。

「アヴェマリア、恵みに満ちた方、主はあなたとともにおられます。あなたは女のうちで祝福され、ご胎内の御子イエスも祝福されています。神の母[14]　聖マリア、わたしたち罪びとのために、今も、死を迎える時も、お祈りください。アーメン。」

ちなみに、先にあげた作曲家たちの「アヴェ・マリア」はすべてラテン語の祈りに曲づけされたものです。

Ave Maria, gratia plena: Dominus tecum, Benedicta Tu, in mulieribus, et benedictus fructus ventris tui Jesus. Sancta Maria mater Dei, ora pro nobis peccatoribus nunc et in ora mortis nostrae. Amen.

人々に親しまれてきたこの「アヴェ・マリア（天使祝詞）」の祈りについて解説しましょう。この祈りは二つの部分から成りたっています。まず前半の部分について。

⑴前半の文言は、『ルカ福音書』の二つの箇所の言葉を繋ぎ合わせたものです（以下の横文字の表記はラテン語で、直訳の日本語を付した）。

㋑ルカ1・28に記された天使ガブリエルのマリアに対する挨拶《あいさつ》の言葉。「おめでとう、恵まれた方。主があなたと共におられる。（Ave Maria gratia plena, Dominus tecum.)」。天使の「アヴェ・マリア／ようこそマリア」がこの祈りの名前となりました。

㋺ルカ1・42に記されたマリアに対するエリザベトの賛辞の言葉。「あなたは女の中で祝福された方です。胎内のお子さまも祝福されています。（Benedicta tu in mulieribus, et benedictus fructus ventris tui.)」

㋩これら前半の文言は、マリアを敬愛する古い伝統として、すでに六世紀以来の典礼でも使われていました。

㋥ところで、ルカ1・42の聖書の原文には「イエス」という言葉はありません。それを祈りの中に加えたのは、教皇ウルバヌス四世（在位一二六一〜一二六四）です。（et benedictus fructus ventris tui Jesus.)

⑵後半の部分「神の母聖マリア、わたしたち罪びとのために、今も、死を迎える時も、お

祈りください。アーメン。」は、中世期に加えられものでさまざまなものがありましたが、現在のものは一五世紀の作です。(15)

11 「主よ、来てください」

ところで、キリスト教の歴史を振り返るとき、「教会」がイエス・キリストの限りない愛を信じてそれを伝える運動として歩み出しながら、十分にそれに応えてきたとは言い切れない現実があります。「神と隣人を愛する」キリスト教信仰そのものと、それを証しして繋いでいく個々のキリスト信者とその集団の現実には、常にへだたりがあることを正直に認めなければなりません。

それでも、「キリストの教会」は、目指すべき目標と使命を絶えず自覚し直し何度も立ち上がり、自己を刷新してきたこともまた事実です。イエス・キリストが約束した聖霊（神の息吹き）の働きによって誕生した教会が、危機に際して同じ聖霊に導かれてきたことをここに見ることができます。イエスは弟子たちに自分が再びやって来ることを約束しましたが、それが何時なのかあなたたちには分からない以上、目覚めているようにとしきりに強調したと『マタイ福音書』は記します。

「いちじくの木から教えを学びなさい。枝が柔らかくなり、葉が伸びると、夏の近づいたことが分かる。それと同じように、あなたがたは、これらすべてのことを見たなら、人の子が戸口に近づいていると悟りなさい。」（24・32〜33）

「だから、あなたがたも用意していなさい。人の子は思いがけない時に来るからである。」（24・44）

「目を覚ましていなさい。あなたがたは、その日、その時を知らないのだから。」（25・13）

「主の再臨」と呼ばれるこの約束は、キリストを信じて歩む一人ひとりの人生の評価のときと言えます。イエスは「主の祈り」の中で「み心が行われますように」と父なる神に祈らせますが、最終的な評価の基準はまさに神のみ心に応えたか否かにかかっているのです。「目覚めていなさい」という警告は、確かに緊張感を起します。しかしそれは励ましでもあるのです。

「主の再臨」の約束と希望は、教会の長い歩みと成長の原動力ともなってきました。イエスは「わたしは世の終わりまで、いつもあなたたちと共にいる。」（マタイ28・20）と約束なさいました。事実、歴史を振り返るとイエス・キリストは姿かたちを変えて、時には教会を慰め、時には教会を厳しく叱責しながら常に教会と歩みを共にしてきてくださったと、キリスト信者たちは告白します。この意味で、教会に受け継がれて来た「マラナタ／主よ、来てください」[16]という叫びは、教会の始まりから今に至るまで、キリスト信者の切実な祈りなのです。

まとめ

■洗礼を受けてキリスト信者となった者は、「最後の晩餐の秘跡／聖体の秘跡」にあずかり、聖別されたパンとぶどう酒の形態のもとにイエス・キリストご自身を「いのちの糧」として受け、養われていく。

■日曜日は「主日」と呼ばれ、イエスが命じた「最後の晩餐／聖体祭儀」（＝ミサ聖祭）が共に祝われる。贖いの記念である「ミサ聖祭」の前半では、聖書が読み上げられ、後半では「これはあなたがたのために渡されるわたしのからだ。取って食べなさい。」というイエスの言葉を受けて、差し出されたパンを共にいただく。一つの「いのちのパン」を食することによって、キリスト信者は「主イエスにおいて一致」する。

■「使徒継承の教会」は、イエスが弟子たちにゆだねた聖なる権限と、その具体化である「位階制度」に支えられて、歴史の中を歩んできた。洗礼の恵みを受けたキリスト信者は、使徒継承の教会に加入して教会と共に信仰の旅を続けていく。洗礼の恵みを受けたキリスト信者であっても、「思い、言葉、行い、怠り」によって罪に陥ることがあるが、イエス・キリストが弟子にゆだねた「罪を赦す権能」の恵みにあずかることができる。

■キリストの教会がイエスの母マリアを崇敬するのは、イエス・キリストの福音を信じて生き抜いた信仰者のモデルをそこに見出すからである。

考えるヒント

■この節を読んで印象に残ることがありましたか。

■「ミサ」を初代のキリスト者が「感謝の祭儀／エウカリスチア」と呼んでいたのは、なぜなのでしょうか。「感謝」と呼んだその実感を想像してください。

■「洗礼」の恵みにあずかるということが、「堅信」「聖体」の秘跡と切り離せないのはなぜでしょうか。

■なぜ、「日曜日」が休みの日なのか、知っていましたか。

■クラシック音楽の分野には、たくさんの素晴らしい「ミサ曲」がありますが、なぜ作曲家たちはミサ曲に力を入れたのでしょう。

■なぜ一般に「教会」は立派な人々の行くところ、と考えられてしまうのでしょう。

■キリスト信者でも「罪に陥る」のはなぜでしょうか。ミサを始めるときに、「思い、言葉、行い、怠りによって、たびたび罪を犯しました」という互いの告白を、どう思いますか。

■「ゆるしの秘跡」が、大きな恵みと言われるのはなぜなのでしょうか。

■「聖母マリア」を題材にした絵画や音楽作品がたくさんありますが、それらに接して、どう思いますか。

注

（1）**『ディダケー（十二使徒の教訓）』**　一世紀末に書かれたキリスト教文書で、洗礼の準備と洗礼を受けたあとの「教会生活」のさまざまな規定などが記されている。

（2）**司教**　初代教会の人々の言葉だったギリシャ語では「エピスコポス／監督」と呼ばれた。英語の「bishop」は「エピスコポス」が訛ったもの。司教は司祭団と助祭団に支えられながら、自分の管轄下に置かれた諸教会（信仰共同体）を、使徒の権限をもって統治する。

（3）**教皇**　ペトロの後継者を指す。例として最初の一〇代までの後継者には、次の人々を数えることができる。リヌス（在位六六年頃〜七八年頃、イタリア人?）。アナクレトゥス（在位七九年頃〜九一年頃、ギリシャ人?）。クレメンス（在位九一年頃〜一〇一年頃。ローマ出身?）。エウァリストゥス（在位一〇〇年頃〜一〇九年頃、ギリシャ人?）。アレクサンデル一世（一〇九年頃〜一一六年頃、ローマ出身?）。シクトゥス一世（在位一一六年頃〜一二五年頃、ローマ出身?）。テレスフォルス（在位一二五年頃〜一三六年頃、ギリシャ人?）。ヒギヌス（在位一三八年頃〜一四二年頃、ギリシャ人?）。ピウス一世（在位一四二年頃〜一五五年頃、アクレイア 出身?）。また代々、ローマの司教がこの役職を担い、ラテン語で「お父さん」を意味する「パパ／papa」と呼ばれた。信頼関係にもとづく親しみがこの敬称に表れている。英語では「pope／ポウプ」と訛る。なお、日本では「法王」と言われるが誤訳である。「法王」は中国で造られた「仏《ほとけ》」に対する尊称であったが、日本では位を退いて仏門に入った元天皇に対する敬称となった。したがって、ローマカトリック教会の「長」である「パパ」には全く通用しない呼称であると言わなければならない。

（4）**感謝の祭儀／エウカリスチア**　「これをわたしの記念として行いなさい」という最後の晩餐におけるイエスの願いに応え使徒たちは、それを信仰儀礼（典礼）の形をもって行うようになった。この儀礼はさまざまな名前で呼ばれたが、中でも「エウカリスチア」というギリシャ語の呼び名は「感謝の祭儀」を意味しており、初期の教会のイエス・キリストへの気持ちを良くあらわしている。

(5) **聖体祭儀**　「聖体祭儀」における「聖体」とは、「これをわたしの記念として行いなさい」と命じたイエスの悲願に応えて繰り返される「最後の晩餐」の継承において、「これはわたしの体である」というイエス自身の言葉によって聖別されるパンのことを指す。使徒継承のカトリック教会は、この「聖体」を食して「過ぎ越し祭の奥義」を成し遂げたイエス・キリスト自身と実存的に一致するだけでなく、「聖体」を祈りと礼拝の対象としてきた。そのため、「聖体」はカトリック教会の信仰生活と霊性に決定的な意義を有している。

(6) **最後の晩餐の秘跡**　最後の晩餐で言われたイエスの「これはわたしの体である」「これはわたしの血である」という言葉を受けて教会は「最後の晩餐」そのものを「秘跡」とみなし、「秘跡の源泉」とした。すなわち、人間の力量ではつかみ切れない「神秘（神の働きかけ）」を、それを望む人に具体的な五感的なしるしをもってしるし、人格的にかかわらせる営みがそこにあると見たのである。事実、イエスは「神の国／支配」の到来を告げながら、具体的な言葉と行動をもってそれを人々に体験させていった。まさに「神の国の到来」の恵みを証ししたイエス・キリストそのものが「秘跡」であると教会は理解する。初期の教会は秘跡をギリシャ語で「ミステーリオン」と呼んでいたが、ラテン語の時代になると「サクラメント／Sacramentum」と呼ぶようになった。

(7) **主の日**　今日、わたしたちが「日曜日」と呼んでいる日は、古代のユダヤ人社会では「週の初めの日」と呼ばれていた（マルコ16・2）。「主の日」の「主」とは、旧約聖書の「アドナイ（ヘブライ語）」の訳で「神／ヤーヴェ」を指す敬称。新約聖書では、この「主」をもってイエス・キリストの称号とした。「主の日」というのは、神の子であるイエス・キリストが復活された日を意味する。今日、日本のキリスト教会では「主日」と縮めて使っている。

(8) **安息日**　ユダヤ教が遵守する休息日で、金曜日の日没から土曜日の日没までの一日を指す。旧約聖書の『創世記』の記述（2・2〜3）、すなわち、神は天地万物の創造のわざを終えて七日目に休んでこの日を祝福し聖としたという教えがその起源で、この日は労働を禁じ、神を礼拝する日とされた。キリスト教徒は、イエスの復活を記念して、「週の初めの日（＝日曜日）」を安息日、礼拝の日とした。

(9) **み言葉**　聖書に記されている文言は、人間の救いを望む神の想いであるということから、日本語では尊敬を込めて「み言葉」と言われる。

(10) **み言葉の典礼**　ミサ聖祭の開祭の儀に続く「みことばの典礼」の部分は、次のような流れになっている。第一朗読として「旧約聖書」の一部が読み上げられ、続いて「答唱詩編」が歌われる。その後、第二朗読として主に「新約聖書の使徒の手紙」の一部が読まれ、続いて「アレルヤ唱（あるいは詠唱）」が歌われる。次に「福音書」の一部が司祭（あるいは助祭）によって読み上げられ、さらに一連の読み上げられた聖書の箇所をもとに「説教」がなされる。そしてその後、参列者全員で「信仰宣言」が唱和され、「共同祈願」が捧げられる。

（11）**コンムニオ／communio（ラテン語）**　最初のキリスト教徒が使っていたギリシャ語では「コイノーニア」という言葉が使われていた。それは「共に享受する」という意味で、まさに最後の晩餐で残していかれたイエス・キリストの「聖体の恵み」を共にいただくということを生きいきとあらわしている言葉である。この共に恵みにあずかるという体験は、ラテン語の「コンムニオ」にも引き継がれている。

（12）**叙階の秘跡**　位階制を持つカトリック教会、正教会、聖公会で、司教・司祭・助祭の職務に就かせる儀礼。叙階は秘跡の一つとされ、消えることのない霊印（使命）が授けられると教会は信じている。

（13）**崇敬**　教会は伝統的に神やキリストに対しては、ラテン語で全き帰依を意味する「礼拝・崇拝／adoratio／アドラチオ」や「信仰／fides／フィデス」という語を使い、聖母マリアや聖人たちに対しては「崇敬／veneration／ヴェネラチオ」の語を使うという区別をしてきた。日本ではしばしば両者が混同されて使われている。マリアは「礼拝／崇拝」の対象ではなく、あくまで「崇敬／うやまい」の対象である。

（14）**神の母**　使徒継承の教会はイエスを「神性と人性」を兼ね備えた特別な存在と告白してきた。すなわち、イエス・キリストは「神性（神の本性）」だけを備えた方なのではなく、「神性」と「人性」の両方にまたがる神秘な存在、「真の神にして・真の人」である特別な存在とみなす。それを踏まえてイエスの母マリアは「神の母」と呼ばれるようになった。

（15）**「神の母聖マリア、わたしたち罪びとのために、今も、死を迎える時も、お祈りください。アーメン。」**　この文言は、一四四〇年頃にフランシスコ会員のベルナルディヌスが作ったと言われている。一五六八年、ローマの公式の『教会の祈り』で正式に採用されて以来、「アヴァ・マリアの祈り」の後半部分として定着し今日に至っている。

（16）**マラナタ**　イエスも使っていたアラマイ語で「わたしたちの主よ、来てください」の意。

⑤「パンと杯」

「パンと杯」は、最後の晩餐でイエスがパンとぶどう酒の満ちた杯をとって「わたしの記念としてこれを行いなさい」と弟子たちに命じた贖い（あがない）のわざをしるす。感謝の祭儀（エウカリスチア）、あるいは「ミサ」のシンボルとなって今日にいたる。

第六章

死を超えた希望を生きる

第一節　死を超えて

1 「メメント・モーリ」

中世のキリスト教世界では、「メメント・モーリ／memento mori.」という言葉が広く口にされていました。「汝、死すべきことを覚えよ」を意味するラテン語の句です。疫病の周期的な大流行、度重なる戦争、さらに慢性的な飢餓によって、常に死が隣り合わせの中で人々は生きなければなりませんでした。そのため「メメント・モーリ」を挨拶代わりにしながら人々は日々を送ったと言われています。

今日のわたしたちの社会は平均寿命が大きく延び、超高齢化社会と呼ばれています。とりわけ保健衛生の浸透や医療技術の飛躍的な進歩が、それに大きく貢献していることは言うまでもありません。しかし、どんなに医療技術が進歩しても、誰一人例外なく死にます。死亡率は一〇〇パーセントです。「メメント・モーリ」、人間のいのちが有限であることを忘れるなとは、今日を生きるわたしたちにも向けられた戒めではないでしょうか。

2 寿命をまっとうする

「寿命が延びた」「寿命が尽きた」「平均寿命」など、「寿命」という言葉がいろいろに使われています。でも普段何気なく使っている「寿命」とは、文字通り「いのちを寿《ことほ》ぐ」ことで、「いのち」を喜ばしいものとみなす考え方がその背景にあります。

なかでも「寿命をまっとうする」という言い方は、先に見た「メメント・モーリ」の標語が、襟を正す厳粛な気持ちを引き起こすのに対して、「いのち」の別な面を示してくれます。すなわち、限りある「いのち」とは元来「寿命／喜ばしいいのち」なのであって、それを完成させていく課題を皆がもっているという前向きな視点です。

3 「愛」こそいのちに意味を与える

イエス・キリストは、「人は、たとえ全世界を手に入れても、自分の命を失ったら、何の得があろうか」（マルコ8・36）と訴え、また「自分の命のことで何を食べようか何を飲もうかと、また自分の体のことで何を着ようかと思い悩むな。命は食べ物よりも大切であり、体は衣服よりも大切ではないか」（マタイ6・25）と教えています。

ところで、イエスのこの教えに何度も出てくる「命／いのち」は、聖書の言葉（ギリシャ語）では「プシュケー」[1]と言われます。この「プシュケー」は、何よりも生きていることの証しである「生命の息」を意味するのですが、同時に、生身の人間としてある「その人自身」、すなわち、心（魂）をもつ人格的主体をも表す味わい深い言葉です[2]。

聖書の人間観（人間理解）は、わたしたち誰もが、命の源である神から「プシュケー」を吹き込まれて生かされており、しかも一人ひとりは「神の似姿」、「善きもの」であるということを根本としています。

そのため、神から存在を与えられ、生かされて生きている各自は、一度の人生を「寿命／喜ばしい命」として受け止め、それをまっとうしていくことが求められているのです。

先にあげたイエスの言葉は、各自の寿ぐべき「いのち／プシュケー」は、目先のことだけに振り回されて終らせるべきものではなく、それはあなたたちが考えるよりはるかに価値あるものだ、という諭しです。今ここで「自分」の現実をかかえて生きることは、たとえ苦しく時には闇に包まれることがあっても、「いのち」そのものは、決して無意味で無価値なのではありません。

また、イエスは、「神を愛し、隣人を自分のように愛する」ことこそが人生の根本的な目的だと訴えます。これを一生の課題として受け入れ、粘り強くそれに取り組んでいくとき、人は初めて、「いのち」の意味（価値）を実現していくのです。イエスがここで言う「愛する」とは、好ましい思いを抱くということではなく、「自分を与える」という心構えとその実践のことです。

人はさまざまのかたちで自分のいのち（自分自身）を与えることができます。「いのち」の中味とは何でしょうか。それは、何よりもまず自分の時間、才能や能力や言葉、体力や愛情をあげることができます。また、受けた教育、教養や知識、親から授かった知恵の数々、財産や人脈、思いやりやほほえみ、そして祈りなど数え上げたらきりがないほど「自分のいのちの中味」は豊かであることに驚きを禁じ得ません。

さらに、人はたとえ苦しみのただ中にあっても、苦しむ心を誰かに捧げることができ、時には自分自身を与え尽くすきわみとして「死」をも受け入れることができるのです。実に「愛、すなわち、自分を与えること」だけが人生に意味を与える――イエスの十字架の姿は、これを沈黙の中に告げているのです。

4　死を超えて

普通人々は、「死」は忌避すべきものと受けとめます。日本の宗教伝統でもその傾向が強く、「鎮魂」という言葉に象徴されるように、死者の魂は「加持祈祷」をもってなだめるべきものと理解されてきました。今日でもそうした考えは人々の心の底に強く残っているようです。七世紀半ばに大陸から伝来した仏教は、「怨霊信仰《おんりょう》」にこたえるものとして期待され、以後、死者をなだめることを主眼とする日本固有の仏教に変貌していきました。仏教が江戸時代を経て

「葬式仏教」と言われて、今日に至るのも、そうした背景があるからと言えます。

ところで、今日の医学が目覚ましい進歩を見せているのも、死を遠ざけ生命をできるだけ長く引き伸ばそうとする願いが根底にあるからでありましょう。確かに、不老長寿は、いつの時代にも人間の憧れでした。今、手にしているいのちを果てしなく続けたいという願いです。しかし、どんなに医療技術が進歩しても、わたしたち人間の死亡率が一〇〇パーセントであることに変わりはありません。

わたしたち一人ひとりの人生に意味を与えるのは、「長さ」ではなく、「質」です。どれだけ長く生きたかではなく、どう生きたか——先に触れた「寿命をまっとうする」とは、この点を言い当てているのではないでしょうか。

問題は、善く生きることによって輝くその人の「いのちの質」、愛によって辛抱強く築き上げられ、実現されてきたその人の「いのちの意味」が、死をもって無に帰し、まったく無駄になってしまうのではないかという根本的な不安がぬぐえないことです。

時代や宗教の違いを超えて、人間が常に「死を超えたいのち」を希求して来たことは、考えてみれば不思議なことです。

いのちに限りがあることを誰もが認めざるを得ません。そうすると、「救いの渇き」とは、どれだけ長く生きるかではなく、いのちの質をいかにつかみ取り、生きる意味を生きいきと実感するかの問題だといえます。人間が「死を超えたいのち」を希求してやまないのは、一度の人生を通して求め続け、自分のものにしていく「いのちの意味」が、無駄に消えてしまうことに納得できないからでありましょう。今・ここで、苦労しながら互いに支え合い、夢を追い求めていく日々が、まったく無意味であることに人は耐えられないのです。

宗教の本来の役割は、いのちの本当の意味の在りか、真の救いの在りかを指し示し、各自の人生の歩みがそこへ向かうように励ますことにあるはずです。したがって、いのちの有限性、死の問題、人生の目的、善く生きる道筋、生の質の問題、人間の尊厳と愛の尊さ、そして死を超えた希望という問題を誠実に取り上げない宗教があるとするなら、それは果たして本当に宗教と言えるのでしょうか。現世での自分本位の欲望を充足することだけを約束したり、教祖への隷属を要求する宗教があるとしたら、それは偽物と言わざるを得ません。

5 「いのちの意味」と裁き（評価）

「いのちの意味」は、生き甲斐や生きる喜び、生きている実感として体験されます。それは他者とのよき出会いをきっかけに、気づかされる不思議な力と言えます。イエスが「愛し合いなさい」「赦し合いなさい」と訴えるのは、心を一つにして支え合う中で、互いに「いのちの意味」、「生きていることの意味／意義」を悟らせようとするからです。

しかしながら、人は「孤立」するとき、あるいは、自分の心を閉ざすとき、「いのちの意味」を見失います。自分の「いのちの意味」を知ることは、自分以外の人間にもそれがあると気づくことでもあります。イエスが訴える「互いに愛し合う（大切にし合う）」とは、何よりも互いに人間としての尊厳を認め合うことです。今日の社会の土台をなす「人権」や「平等」という考えの根底には、こうした「いのちの意味」の自覚が何よりも要求されているのです。当然のこと、自分だけに「人間の尊厳」や「人権」があるのではありません。

「聖書」には「裁き」のテーマが頻繁に繰り返され、イエス自身「人を裁くな」、「人を裁くのは神のみである」と厳しく警告します。一人ひとりの深みを見抜き、最終的な評価を下すのは神だけであって、あなたがすることではないと、訴えました。確かにわたしたちには、しばしば自分を棚に上げて他人を厳しくとがめ、悪口を喜ぶ不思議な傾きがあります。こうしたことを野放しにしておくと、どのような結果を招くことになるか、わたしたちは痛みをもってそれを十分経験しています。

他方、「いのちの意味」、「人生の意味」を真摯に問うとき、自分自身に対する評価（裁き）という問題は、避けて通ることができません。「いのちの意味」を開花させるべく自分はどのように生きてきたのか、一度の人生をより善く生きるために何をしてきたのか、「人生の舞台」に幕を下ろすとき、誰もがいのちの与え主である神ご自身から問われるでありましょう。

そのため、聖書がこだわる「裁き」のテーマは厳粛な課題だと言えます。イエスが「神の国（支配）」の到来を福音として告げて「回心」を呼びかけ、「愛とゆるし」を訴えたのも、まさにこの「いのちの意味」と「裁き」にかかわるからなのです。

6　死は敗北ではなく、「寿命」をまっとうするとき

「寿命」とは与えられた「いのちを寿ぐ」生命理解であると、先に述べました。死が「寿命をまっとうする」ときであるならば、それは「自分自身をまっとうするとき」と言えます。実際、誰もがより善い自分になってみたい、より幸せな自分をつかんでみたい、納得する自分になってみたいと、心の底で願いながら地上の旅を続けています。「心の渇き」とはこのようなことなのです。

「いのちの意味」を探求し、それを開花させていく人生の課題とは、ひとことでいうならば、いのちの与え主である神の前に「自分自身をまっとうすること」と言えましょう。イエス・キリストは、「神と隣人を愛する」生き方こそ一度の人生を意味あるものにする道であり、これこそ「自分」という一度の存在を本当に開花させ、真に寿命をまっとうする道であると教えました。「救い」とは、実はこのことにつながる問題なのです。

このように考えると、「死」は敗北なのではありません。確かに「死」の様相は千差万別で、しかも「死」をめぐっては、苦しみや悲しみ、さまざまの不条理がつきまといます。それにもかかわらず、「死」は「寿命をまっとうするとき」であり「自分を開花しきるとき」なのです。十字架の死と復活をもって「過ぎ越しの奥義」を示してくださったイエス・キリストを信じる者は、このように「死」をとらえるのです。

7 「お迎え」ということ

極楽浄土に往生する（＝往ってそこに住む）ことを救済と信じる浄土仏教は、臨終に際して仏や菩薩がお迎えに来てくれることを「ご来迎」「お迎え」と呼んで、死の不安におびえる人々に深い慰めを与えてきました。

聖書の信仰においても、先に触れた「マラナタ／主よ、来てください」という祈りは、キリスト信者の希望に満ちた祈りです。主イエス・キリストの来臨の願いは、ミサ聖祭の「交わりの儀」の部分でも「主の祈り」に続いて毎回繰り返されます。

「いつくしみ深い父よ、すべての悪からわたしたちを救い、
　現代に平和をお与えください。
あなたのあわれみに支えられ、罪から解放されて、
すべての困難にうち勝つことができますように。
わたしたちの希望、救い主イエス・キリストが来られるのを
待ち望んでいます。」

大いなる御者の来迎や来臨を安らかな心で迎えたいということは、不安を抱えながら地上を旅するわたしたちの正直な心のあらわれでありましょう。

キリスト信者にとって、イエス・キリストという方は、何よりも「洗礼」によって「過ぎ越しの奥義」にあずからせてくださった方ですが、それだけではありません。この方は、聖霊の働きを通して一人ひとりの人生の旅路において「過ぎ越しの奥義」を繰り返し体験させてくださる方でもあるのです。いったいどれほどの「過ぎ越し」の体験を、わたしたちは姿かたちを変えて同伴者となってくださるキリストと共にしていくことでしょう。キリストを信じる者は人生の終盤で、自分の人生の旅路においていつもこの方がしっかりと寄り添っていてくださったと、感謝のうちにしみじみと実感することになるでありましょう。まさに、信仰の恵みです。

そして、ついに地上の旅を終えるとき、このキリストは父なる神と共に地上のいのち、すなわち、時間の支配の下にあったいのちから、約束された「永遠のいのち」へと向かう最後の「過ぎ越し」を、わたしたちに引き起こしてくださる方なのです。

この意味で、イエス・キリストは「真の救い主」であり、地上を歩み続けるわたしたちにとっては「希望」そのものです。パウロはこのことを「わたしたちの本国は天にあります。そこから主イエス・キリストが救い主として来られるのを、わたしたちは待っています。」（フィリピ3・20）と教えています。

まとめ

■「こころの渇き」とは、一度の人生の意味を求めている人間の不思議な傾きである。「宗教」の本来の役割は、この渇きに応えることにある。人生の真の救いの在りか、人生の本当の意味を指示し、そこへ向かって励まし希望を与えることにある。

■イエス・キリストは「神と隣人を愛し自分を与えていく」ことが、一度の人生を意味あるものとする道であると教え、自ら証しされた。

■死は敗北ではなく「寿命」をまっとうするとき、自分の人生をまっとうするときである。

■地上を旅する者にとってイエス・キリストが「希望」そのものであるのは、確かな救いの約束をしてくださったからである。

考えるヒント

■この節を読んで印象に残ったことがありますか。

■あなたは「死」をどのようにとらえていますか。

■「来世」とか「死後の世界」というと、あなたは何を連想しますか。

■悲惨な死という現実があります。それについてどう考えますか。

■あなたにとって究極の希望とは、どんなことですか。それが今を生きる意欲の源となり、人生に意味を与えるのではないでしょうか。

注

(1) **プシュケー**／ψυχή　字義は「息、生命の息」で、ラテン語では「anima（日本語では魂）」と訳された。ちなみに「いのち」を表す新約聖書のギリシャ語にはいろいろある。「プネウマ／πνεῦμα」は、人間のいのちの人格的な側面（霊性）を表す語で動物には使われない。「ゾエー／ζωή」は『ヨハネ福音書』では神のいのち、すなわち、復活であるキリストを通して与えられる神的な生命を意味する「カルディア／καρδία」は「心」の意味で、人格的な生命の座を表す。これらの種々の言葉は、人間のいのちがいかにつかみ難いものであるかを物語っていると言えよう。（一六八頁の注1参照）

（2）　**生命の息**　旧約聖書の『創世記』には、人間の創造について「主なる神は土（アダマー）の塵で人（アダム）を形づくり、その鼻に命の息（ニシュマト・ハイイーム）を吹き入れられた。人はこうして生きるもの（ネフェシュ・ハイヤー）となった」と神話的に記述されている（2・7）。人や生き物を生かす「命の息」は、人間の場合には「自立的な生命原理」とみなされ、そこから「プシュケー」は「魂」をも指すようになった。

第二節 「からだの復活、永遠のいのちを信じます」

1 洗礼—永遠のいのちを生きる出発

イエス・キリストの「救いのみわざ」を信じて「洗礼」を受けて、それぞれの人生を生き抜く者は、死を越えてイエス・キリストの復活にあずかる——これはキリスト教信仰の真髄です。パウロはこれを次のように教えています。

「わたしたちは洗礼によってキリストと共に葬られ、その死にあずかるものとなりました。それは、キリストが御父の栄光によって死者の中から復活させられたように、わたしたちも新しい命に生きるためなのです。」（ローマ6・4）

すでに見たように「洗礼」とは、イエス・キリストの贖いのみわざ・「過ぎ越しの奥義」に参与させていただくことです。すなわち、神不在の罪深い混乱と迷いの闇にもがくいのちの在りようから、キリストの復活のいのちへと生まれ変わること、これが「洗礼」の恵みです。キリスト信者とは、この恵みに応えながら一度の人生を生き抜く者のことです。

洗礼の恵みによって、復活のいのち（新しいいのち）を地上において生き始める者は、「死」をも超えて生きる——聖書はそれを「永遠のいのち」と呼びます。『ヨハネ福音書』はこれをイエスの力強い宣言として「わたしは復活であり、命である。わたしを信じる者は、死んでも生きる。」（11・25）と記しています。

2　カトリック教会の葬儀の祈り　その1

カトリック教会は、この信仰にもとづく「葬儀ミサ(1)」をもって、キリスト信仰を生きた兄弟・姉妹をいのちの源である神のもとに見送ります。そこでささげられる数々の慰めに満ちた祈りの中に、次のような祈りがあります。

「キリストのうちにわたしたちの復活の希望は輝き、
死を悲しむ者も、とこしえのいのちの約束によって慰められます。
信じる者にとって死は滅びではなく、新たないのちへの門であり、
地上の生活を終わった後も、天に永遠のすみかが備えられています。」

すでに見た通り、「復活」とは「蘇生」のことではありません。それはイエス・キリストの「過ぎ越しの奥義」で示されたように、神の大いなるいのちの中に立ち上がらせられることです。

このことを先に触れた「人生の意味」の渇きの問題と重ねるならば、「復活」とは、各自が一度の人生において、信仰と希望と愛をもって築いてきた人生の質が、確かな意味をもつものとして、父なる神に受け入れられ、祝福されることだと言えましょう。

イエスは最後の説教の中で訴えました。

「さあ、わたしの父に祝福された人たち、天地創造の時からお前たちのために用意されている国を受け継ぎなさい。お前たちは、わたしが飢えていたときに食べさせ、のどが渇いていたときに飲ませ、旅をしていたときに宿を貸し、裸のときに着せ、病気のときに見舞い、牢にいたときに訪ねてくれたからだ。（中略）はっきり言っておく。わたしの兄弟であるこの最も小

さい者の一人にしたのは、わたしにしてくれたことなのである。」（マタイ25・34〜36、40）

イエスのこの教えから分かるように、各自の人生の評価は、神のみがなさることで、そしてこの評価の基準はきわめて具体的な「愛の行い」だということです。したがって、復活のいのち（永遠のいのち）を待望するということは、逃避なのではありません。それどころか復活信仰は、具体的な「愛」の実践をもって各自が現世を生き抜いていくための力の源なのです。

3 カトリック教会の葬儀の祈り その2

カトリック葬儀の祈りの中から、もう一つ紹介しましょう[2]。

「慈しみ深い神である父よ、
あなたが遣わされたひとり子キリストを信じ、
永遠のいのちの希望のうちに人生の旅路を終えた○○○○さんを
あなたの手に委ねます。
わたしたちから離れてゆくこの兄弟（姉妹）の重荷をすべて取り去り、
天に備えられた住かに導き、聖人の集いに加えてください。
別離の悲しみのうちにあるわたしたちも、
主・キリストが約束された復活の希望に支えられ、
あなたのもとに召された兄弟（姉妹）とともに、
永遠の喜びを分かち合うことができますように。
わたしたちの主・イエス・キリストによって。アーメン。」

今、○○○○の部分にあなたの名前を入れて、この祈りを口にしてみてください。いつか、自分を見送ってくれる人々がこの祈りを、いのちの与え主である神に向かって捧げてくれると想像しながら。

この祈りには、死を超えた永遠のいのちへの信仰と、神が用意なさる新たないのちの中に再会する希望がうたわれています。そうです、復活の約束は、神のいのちにおいて再会する喜びの約束でもあるのです。

先立たば遅るる人を待ちやせむ　華の台《うてな》の半ば残して(3)（法然）

（愛するあなたに先立って地上を去っていくわたしですが、天国での喜びに満ちた美しい席を半分あけて、遅れてやって来るあなたを待ちましょう。）

カトリック教会が大事にしてきた「聖徒の交わり(4)」という伝統的な教えは、この美しい歌にあるように「愛する者との再会の喜びを待つこころ」を基本としています。神の永遠の愛において、先に逝った者であっても、地上に生きる者であっても、一人ひとりのいのちは壮大な響きの一端を担っている、という確信です。イエス・キリストを信じて生きた数えきれない人々は、今や「天上の教会」をなして、地上を歩む教会を見守り、祈りを送っているのです。このように、「天上の教会」も「地上の教会」も、イエス・キリストがもたらした「神の永遠のいのち」において結ばれている神秘を想うとき、「今ここで」地上のさまざまな苦労と闘わなければならないわたしたちにとって、どれほどの慰めや勇気の源となることでしょう。

4 「からだの復活を信じます」　その1

主日のミサの度に唱えられる「使徒信条(5)」は、「からだの復活、永遠のいのちを信じます」と結ばれます。ここでは「からだの復活」ということについて考えて見ましょう。そのためには、まず「聖書」を編み出した古代の人々の人間理解に立ちかえってみる必要があります。

何よりも、聖書（特に新約聖書）において、「からだ／ソーマ」というとき、それは死によって朽ち果てていく「肉体」[6]という人間の現実を指していました。パウロはそれを「蒔かれるときは、朽ちるもの、卑しいもの、弱いもの、すなわち、自然の体」（一コリント15・42～44）と表現しています。

しかし一方で、「からだ／ソーマ」は人間であることの尊厳、すなわち、かけがえのない一人の人間として、個々人が「今ここに」具体的に存在している現実をも意味する言葉です。聖書に見られるこのような古代人の洞察は、現代に生きるわたしたちにとっても決して色あせることなく、「身体として今ここに生きる」人間の現実の重さを深く考えさせてくれます。

一人ひとりの個性は、まず「からだ」において表れます。みんな違った顔をもっていればこそ、この人とあの人を見分けることができます。声も体力も一人ひとり違います。「からだ」への辱めや暴力は、その人自身の尊厳を傷つけることに他なりません。

日本語で「身の程を知る」「身を切る」「身を粉にする」「身をもって」「身につまされる」など、「身」にまつわる表現が実にたくさんありますが、この場合の「身」とは何を指しているのでしょうか。それは、先に触れた聖書の場合と同様、親からもらった五体を指すと同時に、生身としてある「その人自身」を意味しています。「身に覚えがある」「身を固める」「身を捨ててこそ浮かぶ瀬もあれ」、これらの言い回しは、人間各自が「身体をもつ人格」あるいは、「身体としてある人格」であることを、見事に表しています。

5 「からだの復活を信じます」 その2

わたしたち各自は、「からだとして今ここに生きる個人、人格的主体」です。わたしたちはす。

「からだ」としてあるからこそ、互いにコミュニケーションを持つことができるのです。表情も、眼差しも、言葉も、ジェスチャーも、立ち居振る舞いも、すべては「からだ」があってこそです。

各自の人生は「からだ」をもって始まり、成長し、老いてゆき、やがて死を迎えます。しかし、人はこのからだを張って一度の人生を意味あるものにしていくのです。パウロはこのことを「たとえわたしたちの『外なる人』は衰えていくとしても、わたしたちの『内なる人』は日々新たにされていく」（二コリント4・16）と述べています。

先に、各自の人生の評価は愛の実践にあり、隣人に対して施した愛はすべて神に対してなされたことだ、というイエスの教えに触れました。そのときイエスは「わたしが飢えていたときに食べさせ、のどが渇いていたときに飲ませ、旅をしていたときに宿を貸し、裸のときに着せ、病気のときに見舞い、牢にいたときに訪ねてくれた」（マタイ25・35〜36）と述べて、愛の行動とはまさに「からだ」にかかわること、すなわち、「身体《からだ》をもってそこに居るその人自身」への具体的な配慮だと訴えるのです。

わたしたちは誰もが、さまざまの痛みや苦しみや孤独感を抱えて生きていかなければなりません。だからこそ互いに「からだを張って」思いやり、いたわり、支え合っていくのです。

このように身を張って寄り添うことは、無駄なことであるどころか、まさに価値あることであり、人としてのいのちに意味を与えていくことだとイエス・キリストは訴えます。

「からだを持つ人格」として、キリストに倣って神と隣人を愛して生き抜いた者は、死をもって「地上の体（肉体）」の在りようが終っても、体を張って実現してきたその人自身の「人格」としての価値（生の質）は滅びることはないのです。

それは「霊のからだ」という新しい形へと変えられ、不滅の人格として「顔と顔を合わせて」

神と向き合い、永遠に神とのいのちの交わりに生きるものとなる――「からだの復活」とはこのようなことを言うのです。

「霊のからだ」と本当の自分との出会い

理解を深めるために

(1)「霊のからだ」

パウロは復活を否定していた人々に教えます。「自然の命の体が蒔かれて、霊の体が復活するのです。自然の命の体があるのですから、霊の体もあるわけです。」(一コリント15・44)

ここで日本語で「霊のからだ」と訳された聖書の原文は「ソーマ・プネウマティコン」(ギリシャ語)で「神の息吹きにことごとく満たされたからだ」を意味します。すなわちパウロは、「復活」の状態とは朽ちていく「肉」の在りようから、「霊／神の息吹き」にことごとく満たされた「ソーマ」に変えられることだと教えています。(二三八頁参照)すでに見たようにギリシャ語の「ソーマ」には、「その人自身」、「人間の実体としての人格」の意味合いがあることと考え合わせると、「ソーマ・プネウマティコン」とは、「神の息吹きにことごとく満たされたその人自身」というふうに理解できます。そのような在りよう(姿)へと立ち上がらせられること。それを「復活」と言うのです。

(2)自分の本当の姿を知るということ

パウロはまた次のようにも教えています。「わたしたちは、今は、鏡におぼろに映ったものを見ている。だがそのときには、顔と顔とを合わせて見ることになる。わたしは、今は一部しか知らなくとも、そのときには、はっきり知られているようにはっきり知ることになる。」(一コリント13・12)

今日の鏡と違って当時の「銅鏡」が映し出す像はゆがんでいました。そのように現世にいる間は誰一人「自分」を知り尽くすことはないが、しかし、いつかこの自分を創造してくださった神と向き合うとき、自分と自分をめぐる一切のこと、とりわけ自分と神とのかかわりをすべて知って驚嘆し、賛美するだろうと、パウロは諭すのです。こんなにまで自分は神から愛され大事にされてきたこと、神などいるものかと、絶望と自暴自棄に陥っていたときでさえ神は黙ってこの自分に寄り添い、見守っていてくださったことを知って驚きのうちに感謝するでしょう。復活のいのちとはこのように創造主である神との全面的な出会いであり、それによって自分の価値（存在理由）を知り神の愛を寿ぐことと言えましょう。

まとめ

■「洗礼」とは、イエス・キリストの贖いのみわざ（過ぎ越しの奥義）にあずからせていただく恵みであり、人はこの恵みによって新しいいのち（復活のいのち）を生き始める。この「新しいいのち」とは、死をも超えるいのち、生の意味の渇きに応えるいのちである。

■人間は「身体／からだ」を備えた人格であり、自分を与える愛の実践はからだを張った具体的な行動によってなされる。それが各自の生を意味あるものとしていくのである。

■人は「からだ存在」である以上、死をもって地上のからだの在り方を終える。しかし、愛をもって築かれてきた「その人自身の価値」は滅びることなく、新たないのちの姿（霊のからだ）をもって神に祝福され受け入れられていく。

■「復活のいのち」「永遠のいのち」の響き合いの中で、人は先だった人々と再会し、永遠に神を寿ぐ。

考えるヒント

■この節を読んで印象に残ったことがありますか。

■「成仏する」「浮かばれる」「極楽往生」などの仏教信仰の表現は、どのようなことを言わんとしているのでしょうか。

■「輪廻」「輪廻転生」というインド古来の考え方について、どう思いますか。なぜ、今日の日本でも多くの人々が何となくこうした考え方を無批判に受け入れているのでしょうか。

■「復活信仰」の根本はどのようなことでしょうか。

■「生きる意味」「愛の尊さ」「からだの復活」「永遠のいのち」という究極の問題を、あなたはどのようにまとめますか。

■「復活信仰」が逃避ではないとは、どのような理由からでしょうか。

注

(1) **葬儀ミサ**　カトリック信者が帰天すると、故人の所属教会では葬儀ミサがささげられ、遺族や友人たちがキリストの奉献に合わせて故人の安息を祈る。ここに引用した祈りは、『カトリック儀式書・葬儀』、一七二頁、「葬儀ミサの叙唱」からのもの。

(2) 『カトリック儀式書・葬儀』、二〇八頁、葬儀ミサの結びの祈り。

(3) **法然（一一三三～一二一二）**　浄土宗の開祖。父の死によって比叡山にかくまわれ、一五歳で出家。のちに黒谷の叡空について二五年間研鑽に励む。四三歳のとき専修念仏（ひたすら阿弥陀の名号を唱えることで救いを得ると言う他力の教え）に接して開眼し、それを伝えるために叡山を下りて人々に浄土念仏を説き始めた。しかし当時の混迷した社会の中で彼は仏教界から排斥され、弟子たち（その中には親鸞もいた）と共に流罪の身となった。その後、彼は赦され、東山大谷に戻って八〇歳で没する。彼の「他力本願」の信仰はパウロの義認の教えに類似していると言われる。

（4）**聖徒の交わり**　使徒伝来の信仰を要約した「使徒信条」では、キリストの教会について「（わたしは信じます）聖なる普遍の教会、聖徒の交わり」と唱えられる。「聖なる普遍の教会」とは、洗礼の恵みを受けて聖とされた（＝神のいのちにあずかる）人々（キリスト教徒）の共同体（＝「聖徒の交わり／communio sanctorum」）を意味する。さらにこの表現は現世を旅するキリスト信者も、すでに神のみもとに召されたキリスト信者も「一つの信仰共同体」を形成しているということをも示している。

（5）**「使徒信条」**　使徒からの信仰（イエス・キリストへの信仰）のエッセンスを、簡潔に言い表したもの。洗礼の際の問答形式の信仰告白が基本となっている。今日に至るまで、正統信仰を保つキリストの教会の教えの根本をなす。

（6）**肉体**　聖書では「サルクス」と呼ばれ、「ソーマ」とは区別されて使われる。特にパウロはこの「サルクス／肉」という言葉を用いて、わたしたち人間のはかなさを表すと同時に、朽ちていくにもかかわらず神に逆らう人間の「罪深い在りよう」を表そうとした。

結び・キリストを信じて生きる

1 「み言葉は人となった」

『ヨハネ福音書』は、「言《ことば》は肉となって、わたしたちの間に宿られた」（1・14）と始まります。

ここでの「み言葉／ロゴス」[1]とは、人間の救いの渇きを満たそうとする神ご自身の想いのことです。それが「呼びかけ、招き、訴え」という人間の言葉の働きになぞらえて「神の言葉」と言われているのです。

この「言葉／ロゴス」が、時満ちて生身の人間（肉）となって、人間の歴史の中に入り込んできた。それがナザレのイエスである、というのがキリスト教信仰の根本です。これまでわたしたちは、単なる人生論ではなく、常にイエス・キリストという存在を中心にこの講座を展開してきました。イエス・キリストの呼びかけ、訴え、教え、祈り、その行動、とりわけその死と復活のすべては、わたしたちの「救いの渇き」に応えようとする神の想いの具体的なあらわれなのです。『ヨハネ福音書』はそれを端的に「み言葉は肉となって、わたしたちの間に宿られた」と宣言するのです。

さらに『ヨハネ福音書』は次のように証言します。

「恵みと真理はイエス・キリストを通して現れたからである。いまだかつて、神を見た者はいない。父のふところにいる独り子である神、この方が神を示されたのである」（1・17〜18）

また、イエス・キリストの言葉として、次のような力強い言葉が記されます。

「わたしは道であり、真理であり、命である。わたしを通らなければ、だれも父のもとに行くことができない」（14・6）

さらに、『ヨハネ福音書』は、イエス・キリストにおいて実現された、神の救いの働きかけ（神の支配）を次のように総括します。

「神は、その独り子をお与えになったほどに、世を愛された。独り子を信じる者が一人も滅びないで、永遠の命を得るためである。神が御子を世に遣わされたのは、世を裁くためではなく、御子によって世が救われるためである」（3・16～17）。

理解を深めるために

『ヨハネ福音書』における「真理」とは

『ヨハネ福音書』の重要なキーワードの一つに「真理／アレテイア／ἀλήθεια」という言葉があります。日本語で「真理」と訳される伝統がありますが、むしろ「真実」とすべきでありましょう。「アレテイア」というギリシャ語は「ア＋レテイア」で、それは「否定の「ア」」と「レソー／隠す」から成り、「覆いを取ること」が原義です。英語の「ディスカヴァー／discover」と同じ発想がここに見られます。

イエスがローマ総督ピラトの前で「わたしは真理について証しをするために生まれ、そのためにこの世に来た。真理に属する人は皆、わたしの声を聞く。」（18・37）と言うとき、イエスの口にのぼる「アレテイア」とは、哲学的な普遍の真理（原理）、抽象的真理なのではなく、「神の真実、人間の真実、神と人間の関係の真実」を指しているのです。この意味で「アレテイア」は仏教の「真実実相」という意味合いに近いと言えましょう。神の変わらないあるがまま、人間の救われるべきあるがままの姿、人間に対する神のあるがままの愛のかかわり。これをヨハネは「アレテイア／真実」という語をもって表そうとするのです。

「恵みと真理（アレテイア）はイエス・キリストを通して現れた」（1・17）とは、これまで隠されていた神と人間の究極の在りようが、人となったロゴス（イエス・キリスト）によってあたかも覆いを剥ぎ取られたかのようにして露わにされた。この真実（アレテイア）が開示されたことによって、ついに救いの道を得たという喜びの表明なのです。

さらにイエスは、ご自分を「真理／アレテイア」を啓示するだけでなく「アレテイア」そのものであると明言します。「わたしは道であり、真理であり、命である。わたしを通らなければ、だれも父のもとに行くことができない。」（14・6）ここでの「真理」もまた、今述べた意味で使われています。人となられた「神の真実」（＝イエス・キリスト）と出会うことによってはじめて、わたしたちは神に向かうことができ、永遠のいのち（ゾエー）にあずからせていただくのである。救いとはこのようなことだ、とヨハネは訴えるのです。

2　再び「導入」に戻って

「聖書」をひもときながら、ご一緒にキリスト教信仰のエッセンスを学ぶ長い道のりをたどってきました。それはあなた自身の本当の救いの在りかを探し求めてきた道のりでありました。

ここで本書の「導入」を再び見直してみましょう。ここまでたどり着いた今、出発点で取り上げた幾つかの聖書の箇所が、きっと深く理解できるようになったのではないでしょうか。また、最初に触れた「心の渇き」の問題は、あなた自身の問題でもあり、それがイエス・キリストによって、満たされていくことであると気づかれたと思います。

そこでもう一度、最初に掲げた聖書の箇所をここに記してみます。

「人は、たとえ全世界を手に入れても、自分の命を失ったら、何の得があろうか。」（マルコ8・36）

「人々に、次のことを思い起こさせなさい。（中略）すべての善い業を行う用意がなければならないこと、また、だれをもそしらず、争いを好まず、寛容で、すべての人に心から優しく接しなければならないことを。わたしたち自身もかつては、無分別で、不従順で、道に迷い、種々の情欲と快楽のとりことなり、悪意とねたみを抱いて暮らし、忌み嫌われ、憎み合っていたのです。しかし、わたしたちの救い主である神の慈しみと、人間に対する愛とが現れたときに、神は、わたしたちが行った義の業によってではなく、御自分の憐れみによって、わたしたちを救ってくださいました。この救いは、聖霊によって新しく生まれさせ、新たに造りかえる洗いを通して実現したのです。神は、わたしたちの救い主イエス・キリストを通して、この聖霊をわたしたちに豊かに注いでくださいました。こうしてわたしたちは、キリストの恵みによって義とされ、希望どおり永遠の命を受け継ぐ者とされたのです。」（テトス3・1〜7）

「キリストは、神の身分でありながら、神と等しい者であることに固執しようとは思わず、かえって自分を無にして、僕の身分になり、人間と同じ者になられました。人間の姿で現れ、へりくだって、死に至るまで、それも十字架の死に至るまで従順でした。このため、神はキリストを高く上げ、あらゆる名にまさる名をお与えになりました。こうして、天上のもの、地上のもの、地下のものがすべて、イエスの御名にひざまずき、すべての舌が、『イエス・キリストは主である』と公に宣《の》べて、父である神をたたえるのです。」（フィリピ2・6〜11）

「初めに言《ことば》があった。言は神と共にあった。言は神であった。この言は、初めに神と共にあった。（中略）言の内に命があった。命は人間を照らす光であった。（中略）言は肉となって、わたしたちの間に宿られた。わたしたちはその栄光を見た。それは父の独り子としての栄光であって、恵みと真理とに満ちていた。（中略）いまだかつて、神を見た者はいない。父のふところにいる独り子である神、この方が神を示されたのである。」（ヨハネ1・1〜2、4、14、18）

「わたしが与える水を飲む者は決して渇かない。わたしが与える水はその人の内で泉となり、永遠の命に至る水がわき出る。」（ヨハネ4・14）

3 「信じる者になりなさい」

ところで『ヨハネ福音書』は、結びの部分で次のように教えています。

「これらのことが書かれたのは、あなたがたが、イエスは神の子メシアであると信じるためであり、また、信じてイエスの名により命を受けるためである。」（20・31）。

「信じてイエスの名により命を受ける」とは、神の子イエス・キリストという方を信じることによって真の救い、永遠のいのちをいただくということです。救いの恵みはイエス・キリストへの「信仰」によるのです。

ところで、この記述の少し前で、ヨハネはイエスと弟子の一人トマスとの印象深いやりとりを書き留めています。それは次のようなことでした。

トマスはイエスが復活したことを認めず、「あの方の手に釘の跡を見、この指を釘跡に入れて見なければ、また、この手をそのわき腹に入れてみなければ、わたしは決して信じない」と仲間たちに言い張りました。それから八日後のこと、復活イエスが再び現れたとき、イエスはトマスに言います。「あなたの指をここに当てて、わたしの手を見なさい。また、あなたの手を伸ばし、わたしのわき腹に入れなさい。信じない者ではなく、信じる者になりなさい。」こう言われてトマスは感きわまり「わたしの主よ、わたしの神よ。」と叫ぶのですが、イエスは「わたしを見たから信じたのか。見ないのに信じる人は、幸いである。」（ヨハネ20・24〜29）と諭して、このエピソードが終ります。

「あなたはわたしを見たから信じたのか。見ないのに信じる人は、幸いである。」、「信じない者ではなく、信じる者になりなさい。」トマスに向けられたイエスの言葉は、現代に生きるわたしたちの心にも強く響きます。

4　「信仰」を生きるということ

確かにわたしたちの毎日の生活は、五感に触れることや数値で表されることがらを手がかりにして展開しています。衣食住といえばまさにこのことでありましょう。しかし同時に、わたしたち誰もが、目に見えないことや数字で表されないことに深くかかわって生きていることもまた事実です。

それぞれの思いや考え、信頼関係、互いの思いやりや愛情、人生の夢やたくさんの想い出、さらに刻一刻と変化してやまない喜怒哀楽の心の空模様など、考えてみればわたしたちの生活の大部分は、手で触れて確めたり、データで表せないことで満ちあふれています。

一方、「信じる」ということは、何よりも「五感でとらえ切れない信頼の世界」とかかわることです。実際、互いに信じること、信頼し合うことなしにわたしたちの日々の生活は成り立ちません。

こう考えると「信仰」という問題を、ただ幻想や妄想の世界のことだとか、無価値なことだとして片づけてしまうのは、果たして正当なことでしょうか。むしろ、わたしたちがより善く生きていくための呼びかけ、「心の渇き」への答え、各自の限られた意識や主観的な世界を超えて呼びかけてくる確かな意味への招き――「信仰」という問題は、それにかかわることである以上、わたしたち人間存在にとってきわめて大切なことではないでしょうか。

5 証しされていく「信仰」

キリスト教は「イエス」という歴史上の存在を通して、神の問題、人生の意味と目的、罪のゆるし、死と復活などの根本的なテーマに誠実に向き合います。しかし、これらのテーマは、わたしたちの知性の力だけでとらえ切ることも、理性をもって完全に検証することもできないことがらです。しかし、キリスト教はそれらをただイエスを通して神（大いなる御者）から啓示されたこととして受け入れ、人生の確かな指標として信じるのです。イエスを「キリスト」と告白するのは、このような信仰への決断を意味します。

とりわけイエスの「死と復活」に現れた「過ぎ越しの奥義」は、わたしたち人間の根本的な救いの突破口であるというのが、キリスト教信仰の根本です。それが人から人へと受け継がれ、時代と場所を超えて数えきれない人々に生きる希望と勇気を与えてきた事実は否めません。

キリスト教信仰は、具体的な歴史を介して展開されるいわば「いのちのうねり」であり、その中からおびただしい「証し人」が現れました。この人々はそれぞれの時代にあって、イエス・キリストが指し示す救いの方向が確かなものであることを身をもって示してくれた人々です。わたしたちの時代では、ルーサー・キングやマザー・テレサなどがその代表と言えましょう。さらに、日本の歴史を振り返るとき、キリシタン時代の多くの殉教者たちや、明治以後の日本社会に多大の希望を与えたキリスト信者たちの存在（カトリック、プロテスタントを問わず）を忘れることができません。

具体的な時代と場所に生を受けた者が、変わらない神の愛に導かれて歩む信仰、しかもただ一人で信じるのではなく「キリストの教会」に抱かれながら共に生きる信仰――キリスト教信仰がこのような性格を帯びているのは、「二人または三人がわたしの名によって集まるところには、わたしもその中にいる。」（マタイ18・20）、「わたしは世の終わりまで、いつもあなたがたと共にいる。」（マタイ28・20）というイエス・キリストの約束の結果なのです。

6 「わたしは信じます」―洗礼を受ける

最後に、カトリック教会の洗礼式における「信仰宣言」を紹介しましょう。これは使徒から伝えられた信仰を問答形式にしたものです。「洗礼信条」と呼ばれたこの信仰宣言文は、三世紀にはローマカトリック教会のすみずみまで定着し、新しくキリストとその教会に結ばれる兄弟・姉妹の洗礼式で用いられていたものでした。これをもとに「使徒信条」が整備されたことについては、前に述べた通りです。

これまで皆さんとご一緒に、より善く生きるための希望の道しるべとして、「キリスト教信仰のエッセンス」を学んできましたが、その奥行の深さと躍動感にきっと驚かれたことでしょう。

ここに紹介する「洗礼信条」は、これまで学んできたことを簡潔にまとめたものです。洗礼の秘跡をもって「過ぎ越しの奥義」にあずかり、それを生き始めようとする者は、使徒伝来の信仰をはっきりと自分の口で簡潔に宣言してきました。実にここには、歴史の重みと数えきれないキリスト信者のいのちと祈りのこころが凝縮されています。

司祭「○○○○さん、あなたは天地の創造主、全能の神である父を信じますか。」
　答「信じます。」
司祭「父の独り子、おとめマリアから生まれ、苦しみを受けて葬られ、死者のうちから復活して、父の右におられる主イエス・キリストを信じますか。」
　答「信じます。」
司祭「聖霊を信じ、聖なる普遍の教会、聖徒の交わり、罪のゆるし、からだの復活、永遠のいのちを信じますか。」
　答「信じます。」

7「あなたの信仰があなたを救った」

本書を結ぶにあたって、これまで何度も紹介したイエス・キリストのあの力強い祝福の言葉をもう一度味わってください。

「あなたの信仰があなたを救った。」（マルコ5・34）

注

（1）**ロゴス**　ギリシャ思想における「ロゴス／λόγος」は、「言葉、理性、宇宙の法則」を意味していた。それがキリスト教の聖書的な意味で使われるようになると、ヘブライ語の「ダバール」の意味をも担うことになる。「ダバール」は「神の言葉」を意味したが、同時に「出来事」を引き起こす神の創造的な力を意味する語であった。それが新約の時代になるとギリシャ語の「ロゴス」に重ねられたのである。新約信仰では、「神の言葉」

の力と権威はイエス・キリストの言葉に受け継がれている。神はイエス・キリストを通してご自分のみこころを表し、イエスは「神の言葉（ダバール）」として（救いの）出来事を引き起こす神的な力そのものなのでイエス・キリストはこのような「神の言葉」であるという信仰告白が「ロゴスは人となった」（ヨハネ1・14）という簡潔な記述に込められている。

参考文献

本書は学術書ではないため、文中に掲載した以外の参考文献については割愛するが、使用した基本文献を以下に記す。

■聖書関係

『NOVUM TESTAMENTUM GRAECE et LATINE』1964 Sumptibus Pontificii Instituti Biblici
『新共同訳聖書』一九九三　日本聖書協会
『聖書』フランシスコ会聖書研究所　二〇一一

■教会資料関係

『カトリック教会　文書資料集』エンデルレ書店　一九八二
『カトリック教会のカテキズム』カトリック中央協議会　二〇〇二
『カトリック教会のカテキズム要約』カトリック中央協議会　二〇一〇
『カトリック教会の教え』カトリック中央協議会　二〇〇三

■辞典類

『新カトリック大事典Ⅰ～Ⅳ』研究社　一九九六～
『岩波キリスト教辞典』岩波書店　二〇〇二
『聖書思想事典』X・レオン・デュフール　三省堂　一九七三
『聖書大事典』新教出版社　一九九一
『聖書神学事典』いのちのことば社　二〇一〇
『オックスフォードキリスト教辞典』教文館　二〇一七
『旧約聖書神学用語辞典』日本キリスト教団出版局　二〇一五
『岩波仏教辞典』岩波書店　一九八九
『日本宗教事典』弘文堂　一九八五
『新宗教辞典』弘文堂　一九九〇

■言語辞書・辞典関係

『新約聖書ギリシア語小辞典』織田昭編　教文館　二〇〇二
『ギリシア語辞典』古川晴風編　大学書院　一九八九
『新約聖書のギリシア語』W・バークレー　日本キリスト教団出版局　二〇〇九
『旧約聖書ヘブル語大辞典』教文館　二〇〇三
『岩波古語辞典』岩波書店　一九七四
『字統』白川静　平凡社　一九八四
『常用字解』白川静　平凡社　二〇〇四

■神学関係（神学校講義録）

『神学的人間論／創造・原罪論』（改訂版7）小笠原　優
『キリスト論』（改訂版9）同
『終末論／復活神学』（改訂版8）同
『啓示論・基礎神学』（改訂版6）同

あとがき

本書は、キリスト教をまったく、あるいは、ほとんど知らない求道者を「洗礼」の秘跡にまで導くことを目的としているものです。

†

しばしば、せっかく洗礼の恵みを受けたのにいつの間にか教会を遠ざかってしまうという嘆きが聞かれます。さまざまな理由があろうと思いますが、その主なものとして、洗礼を受けた当人の教会共同体への帰属意識が十分に育てられなかったこと、また、洗礼をもって始まったキリスト信者としての生活の指導が十分になされなかったことがあげられましょう。この二つの理由は密接につながっており、このことは本人よりもまず「信仰共同体（＝小教区）」の責任であると言えます。

†

イエスは「悔い改めよ。天の国は近づいた」という訴えをもって宣教を開始したと福音書は記しています（マタイ4・17）。「悔い改めよ」と訳された聖書のギリシャ語の原文は「メタノエイテ」です。その原義は「あなたたちの考え方を転換せよ」で、まさにイエスは、これまで当然としてきた生き方、考え方、価値観を見直して変えなさいと訴えるのです。イエスのその後の言動からすると、この「回心」とはただ自分の努力によるのではなく「神からの一方的な救いの恵み」に自分を照らし、変えるべきことがあれば変えよとの呼びかけです。「新生」、すなわち新たに生まれ、生き始めるという聖書の根本的なテーマは、イエスのこの訴えに根を下ろしているのです。

†

キリスト教信仰は単なる宗教的慣習や習俗に還元されるものではなく、イエスが喚起したように、何よりも神との対話的な出会いであり、恵みに支えられた選択、応答の長い道のりであると言えましょう。「あなたの信仰があなたを救った」というあのイエスの言葉はこの人格的な深みを前提としています。こう考えると、回心へのイエスの呼びかけは、人格的な信仰、恵みへの生きいきとした応答への促しであると言えます。イエス・キリストを知ることによって引き起こされる気づき、驚き、開眼、喜び、生きる意欲や確信、感謝——これらの心の動きはまさに自分が「変えられていく」という体験に他なりません。「悔い改めよ」という回心への呼びかけは、イエス・キリストと出会ってこそ引き起こされる新たな生き方への促しであり、また実感への招きなのです。

†

このような内的な心の変化は「意識の変容」と言い換えることができます。これには時間を要します。「入門講座」をとおしてイエス・キリストを知り、福音を味わいながら自分を振り返り、祈りによって大いなるいのちそのものである神と向き合い、キリスト信者たちと交わりながら、求道者はゆっくりと変えられていくのです。時にはこれは苦しい内的作業を伴うことでもあります。なぜなら意識（こころ）が変えられるということは、自分自身が変えられていくことであり、新しく自分をつかみ直していくことでもあるからです。しかし、それは決して心をもてあそぶマインド・コントロールのような人為的操作によってなされるものではありません（こんなことを宗教の名によって行い、人の心を支配しようとすることなど、まさに人格の尊厳を傷つけることであると言わなければなりません）。

†

洗礼を「恵み」として理解し、それを自分の人生の問題として選ぼうとする決断には時間が要ります。大事なことであればあるほど、人は時間をかけてみずから考え、時には迷いながらそれを自分のものにしていくからです。本書は「洗礼へのガイドブック」であると冒頭で述べましたが、それはまさに時間をかけてなされる大事な「変化」へのお手伝いとなることを目的としているからです。したがって、単なる情報提供がねらいなのではありません。

日本という現実の生活環境を考えるとき、長い歴史をもつ豊かな宗教伝統を無視することはできません。七世紀に大陸から仏教が伝わって以来今日にいたるまで、「宗教」が常に為政者たちによって利用され操作されてきた現実があります。仏教伝来後の飛鳥時代、仏教は「国家仏教」として国家建設のために利用され、次の四百年間の平安時代には豊かな仏教文化が栄えました。さらに鎌倉時代になると土着化した仏教信仰が人々の間に力強く開花します。下克上の戦国時代が始まるとさまざまな宗教勢力が権力者と結びつきますが、その混乱の末期にフランシスコ・ザビエルが日本にキリスト教を伝えたことによって「キリシタン時代」が一時的に栄えました。しかし徳川政権が日本を統一すると、仏教が国教化されキリスト教は厳禁されてしまいます。今日でも「お墓」がお寺と結びついているのは、二百年にわたる為政者の人民統制の名残なのです。ところが一八六八年、明治維新が起こされると為政者達は突然、それまで融合していた神道と仏教を分離し、天皇を頂点とする「国家神道」をつくります。政府主導の一神教を打ち立てて日本の近代化を急ぎました。残念なことに日本は戦争への道を走り出し「国家神道」は戦争の正当化に利用されます。そして一九四五年、二度の原爆投下によって日本は敗戦を迎え国家神道は解体されました。その後、既成宗教と新宗教（新興宗教）、さらに宗教的習俗や民間信仰が複雑に入り混じる特有な日本の宗教社会となって今日に至っています。

そうしたいわば宗教的混乱という日々の環境の中でイエス・キリストと出会い、確かな救いの道を歩みはじめるためのささやかな一助となってくれること――これが本書にこめた願いなのです。

†

ふり返ってみれば、古代教会において、新しく洗礼を受けた人への配慮は「ミュスタゴギア」と呼ばれ、大きな力がそこに注がれていました。「ミュスタゴギア」（ギリシャ語）とは、文字通り「奥義への導き」のことです。新受洗者から見れば、自分が受けた洗礼の恵みとこれからの信仰生活の仕方を具体的に教わることであり、信仰共同体から見れば新しい兄弟・姉妹である新受洗者を、キリストの恵みを体得的に学ぶように丁寧に導くことを意味しています。

こうした営みを通して、新受洗者は一人前のキリスト信者として成長し、自信をもってキリスト教信仰を生きるようになり、またさまざまな仕方で受けた信仰の恵みを人々に証しするようになるのです。とりわけ、すでに洗礼の恵みを受け、長年それを生きてきた人々との出会いと交流は、新しく洗礼を受けた者にとって大きな力と喜びの源となるはずです。

聖体の秘跡が決して個人のレベルでとどまるものではないように、洗礼の秘跡もまた、このように「コンムニオ／交わり」の性格を帯びています。このことは、洗礼に向かう準備段階で求道者に大いに強調し、少しずつ体験してもらうべき大事なことでありましょう。

†

洗礼にいたるまでの手引書である本書は、これで完結してしまうのではなく、洗礼後の大切な配慮、すなわち「ミュスタゴギア／奥義への導き」を意図する手引書へとつながって行きます。本書が「上巻」とするならば「下巻」に当たるものとセットとなって、キリスト信仰を生きる意味と豊かさと喜びに導くささやかな一助となってくれれば幸いです（二〇一七年八月現在、本書の続きである『信仰の神秘』がすでに現場で試用されている。）

†

最後にお世話になった方々に謝辞を申し上げます。本書は、二〇一三年の復活祭に簡易印刷で発刊したもので、すでに多くの方々に洗礼準備講座や信仰のおさらい会で使っていただいてきましたが、この度修正を加えてイー・ピックス社から出版の運びとなりました。振り返ってみれば、ここに至るまで実に大勢の方々の協力をいただきました。植木二葉さんが「入門講座の現場で使える良いテキストを作って欲しい」との強い要望を示してくださったのが、そもそもの始まりで、最初の構想段階では、医療福祉施設でスピリチュアルケアに当たっている四方利栄さんから貴重な助言をいただきました。キリスト教に初めて接し当時まだ求道者だった村上淳子さんは、「求道者」の目線から草稿に何度も目を通し貴重なアドバイスをしてくださいました。また、本書の企画から試作、カテキスタ養成講座での試用と一貫して私を支えてくださった岡野憲一さんには大変お世話になりました。簡易印刷物となった本書をそれぞれの入門講座で、菅田栄一さん、西井愛子さん、北川美佐子さん、シスター中川享子さん、シスター木田まゆみさんに実際に使ってもらい、適切なアドバイスを数多くいただきました。中元喜久枝さんは校正を、吉田稔さんは発刊までのマネージメントを引き受けてくださいました。これ以外にもお世話になったすべての方々に心から御礼申し上げます。

二〇一八年三月三日

横浜教区・カトリック藤が丘教会にて

小笠原　優

あとがき

索　引

あ

い

き

く

け

こ

さ

し

す

れ

ろ

わ

I

Y

―― 著者略歴 ――

小笠原《おがさわら》　優《まさる》

1946年札幌生まれ。1977年司祭叙階。上智大学神学部博士課程終了（教義学）。ローマの教皇庁立サレジオ大学神学院勤務、日本カトリック宣教研究所、諸宗教委員会秘書を経て、1990年より東京カトリック神学院（現日本カトリック神学院）に勤務（教義学）、現在に至る。1994年より横浜教区、末吉町教会、逗子教会、藤が丘教会の主任司祭を歴任。2018年現在、菊名教会。

キリスト教信仰のエッセンスを学ぶ
より善く生きるための希望の道しるべ

2018年8月15日　初版第1刷発行
2023年12月3日　初版第2刷発行

著　者　小笠原　優
発行所　イー・ピックス
〒022-0002　岩手県大船渡市大船渡町字山馬越44-1
TEL | 0192-26-3334　FAX | 0192-26-3344

装幀・本文デザイン　MalpuDesign（清水良洋・佐野佳子）
印刷・製本　㈱平河工業社

 ISBN978-4-901602-65-5　C0016 ¥1600E